Ouf !

Apprendre et réviser le vocabulaire français en s'amusant

Niveau 1

Nicole Borelli
Professeur certifié
Docteur ès Lettres

Angie Borelli
Docteur ès Lettres

ellipses

Du même auteur, chez le même éditeur :

* ***Spécialités de grammaire espagnole***, 240 p.

* ***Sopas***, Réviser de manière ludique la grammaire et le vocabulaire espagnols, 160 p.

* ***¡Sin Falta!*** L'espagnol sans faute, Jeux d'orthographe, 144 p.

ISBN 978-2-7298-3638-2

32, rue Bargue 75740 Paris cedex 15

www.editions-ellipses.fr

Sommaire

Avant propos

Ce petit recueil est destiné plus particulièrement aux étrangers désirant apprendre le français.

Il permettra aux débutants de trouver les bases de vocabulaire indispensables et nécessaires à l'apprentissage de la langue.

Ceux qui possèdent déjà des notions de français pourront enrichir leur vocabulaire grâce à des jeux et des exercices qui permettront de progresser de manière très ludique.

Il leur restera à apprendre les notions grammaticales principales pour manier une langue qui présente des difficultés certaines pour une personne non française.

Ce bloc-notes permettra une progression rapide quel que soit le niveau de départ.

Mémo

.1.
Les formules de politesse

1. À dire lorsque l'on arrive (même si c'est l'après-midi) : **bonjour**
2. À dire lorsque l'on s'en va : **au revoir** mais on peut également utiliser une formule courante qui est italienne : ciao
3. À dire lorsque l'on part très longtemps : **adieu**

4 À dire lorsque l'on demande quelque chose : **s'il vous plaît**

5. À dire lorsque l'on demande quelque chose à quelqu'un qui est un ami : **s'il te plaît**
6. À dire lorsque l'on veut remercier quelqu'un : **merci**
7. À dire lorsque l'on veut s'excuser : **pardon**
8. À dire lorsque l'on va se revoir prochainement : **à bientôt** (les jeunes utilisent souvent la formule **à tout')** qui est l'abréviation de **à tout a l'heure**
9. À dire avant de commencer à manger : **bon appétit**
10. À dire avant d'aller se coucher : **bonsoir** ou **bonne nuit**
11. À dire lorsque l'on veut prendre des nouvelles de quelqu'un : **comment allez-vous ?**
12. À dire si quelqu'un éternue : **à vos souhaits**
13. À dire pour la Noël : **joyeux noël**
14. À dire pour le Nouvel An : **bonne et heureuse année**
15. À dire pour l'anniversaire de quelqu'un : **joyeux anniversaire**
16. À dire pour souhaiter la fête de quelqu'un : **bonne fête**
17. À dire si l'on désire savoir l'heure **: quelle heure est-il s'il vous plaît ?**
18. À dire si quelqu'un est malade : **meilleure santé et prompt rétablissement**

1. Retrouver les formules de politesse qui correspondent aux phrases énoncées ou aux dessins :

1. Quelqu'un vient d'éternuer : ____________________

2. __________

3. __________

4. __________

5. __________

6. __________

7. __________

Mémo

.2.
Jours, mois, saisons

Les 7 jours de la semaine

Lundi
Mardi
Mercredi (pas classe)
Jeudi
Vendredi
Samedi
Dimanche
Le Week-end

Les 12 mois de l'année

Janvier 

Février 

Mars 

Avril 

Mai 

Juin 

Juillet 

Août 

Septembre 

Octobre 

Novembre 

Décembre 

1. Retrouver les **jours de la semaine** :

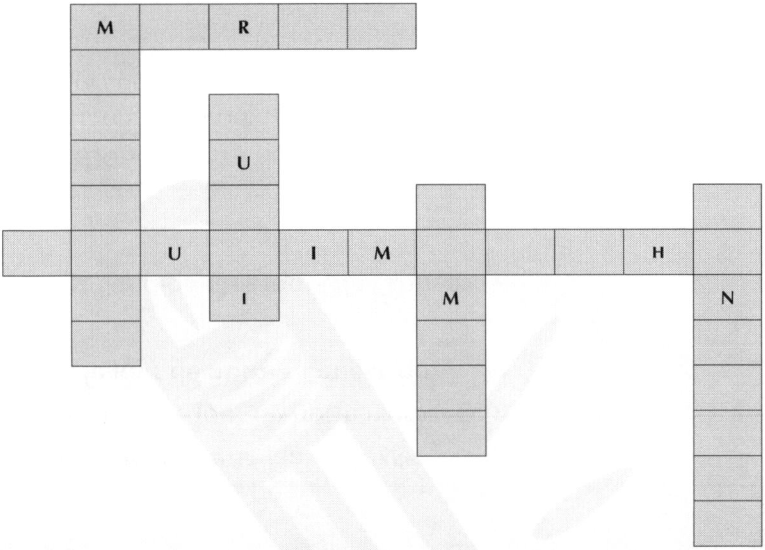

2. Retrouver 13 mots dans ces mots mélangés : **4 jours et 10 mois (dont 1 cité 2 fois).** Les mots peuvent se lire de droite à gauche ou de gauche à droite, de haut en bas ou de bas en haut. Avec les lettres non utilisées vous pourrez retrouver un nouveau mois.

	1	2	3	4	5	6	7	8	9
1	N	O	V	E	M	B	R	E	S
2	D	J	A	N	V	I	E	R	E
3	E	O	L	I	N	V	O	J	P
4	C	C	U	D	J	E	S	E	T
5	E	T	N	R	U	E	A	U	E
6	M	O	D	A	I	M	M	D	M
7	B	B	I	M	N	E	E	I	B
8	R	R	A	O	U	T	D	A	R
9	E	E	M	B	R	E	I	M	E

Mémo

Jours, mois, saisons

Les 4 Saisons

Le printemps

L'été

L'automne

L'hiver

Les Divisions du temps

Le **mois** (12 dans l'année)
Le **semestre** (6 mois)
Le **trimestre** (3 mois)
La **semaine** (7 jours)
Le **siècle** (100 ans)

Le **jour,** la **journée** (24h)
L'**heure** qui se divise en 60 minutes
La **minute** qui se divise en 60 **secondes**
L'**année**, l'**an** (365 jours)

La **date** : nous sommes le 15 janvier 2008
L'**anniversaire** : c'est le jour de notre naissance
La **fête** : c'est le jour de notre saint patron

Le **calendrier :** il indique les jours de l'année

Proverbe

En avril, ne te découvre pas d'un fil ; en mai, fais ce qu'il te plaît : *ne pas se découvrir en avril car il peut encore faire froid*

3. Retrouver **des unités de temps.** Il faut chercher uniquement verticalement.

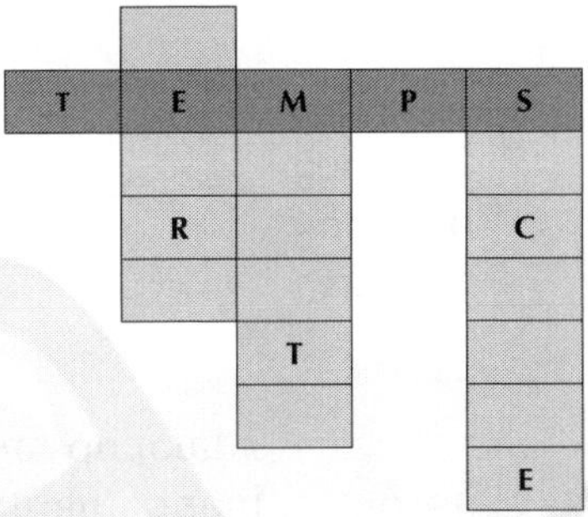

4. Retrouver **2 saisons et 4 mois**. Il faut chercher uniquement verticalement.

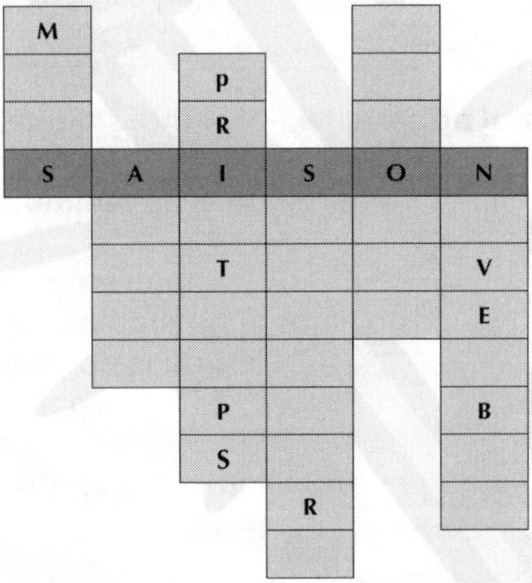

5. Remettre les mots suivants dans un **ordre décroissant de durée :**

Le semestre – la semaine – la quinzaine – l'heure – la minute – l'année – la seconde – le trimestre – le mois – le jour.

____

____

____

Mémo

Jours, mois, saisons

Les adjectifs

Annuel (tous les ans)
Bi-mensuel (2 fois par mois)
Bissextile (tous les 4 ans)
Mensuel (tous les mois)
Hebdomadaire (chaque semaine)
Journalier = quotidien (chaque jour)
Trimestriel (tous les 3 mois)

Printanier (au printemps)
Estival (en été)
Automnal (en automne)
Hivernal (en hiver)

Les noms

L'après-midi : le moment de la journée entre 12 heures et 19 heures
L'aube : le lever du jour
L'aurore : le lever du soleil
Le crépuscule : la tombée de la nuit
Le coucher du soleil : le moment où le soleil disparaît
Le matin : du lever du jour à midi
Le midi : 12 heures
Le soir : à partir de la tombée de la nuit
La soirée : synonyme du soir
La nuit : quand il ne fait plus jour jusqu'au lever du jour le lendemain

Les verbes

Se dépêcher = se presser = se hâter
Tarder
Continuer
Mettre (10 minutes pour faire quelque chose)
Perdre du temps # gagner du temps

S'écouler
Durer

Les adverbes

Toujours # jamais
Pendant = durant
Lentement # rapidement
Tôt # tard

Parfois
Souvent
Encore
Doucement

Expression

Entre chien et loup : *à la tombée de la nuit*

6. Retrouver l'**intrus** et expliquer pourquoi :

1. Mardi – Novembre – Jeudi – Lundi
2. Jeudi – Lundi – Dimanche – Vendredi
3. Été – Printemps – Hiver – Mercredi
4. Mardi – Janvier – Mars – Juin
5. Janvier – Juillet – Juin – Mai
6. Heure – Jeudi – Minute – Seconde
7. Décembre – Automne – Octobre – Novembre
8. Mois – Année – Semaine – Mercredi
9. Mai – Minute – Juillet – Octobre
10. Hiver – Janvier – Été – Automne
11. Janvier – Février – Novembre – Mars
12. Quinzaine – Semaine – Trimestre – Mai
13. Printemps – Été – Semaine – Hiver

7. Relier les **noms et les adjectifs** qui leur correspondent :

Printanier – hiver – jour – hivernal – semaine – automnal – mois – printemps – quotidien – mensuel – automne – hebdomadaire.

8. Remettre les noms suivants dans **l'ordre chronologique** d'une journée :

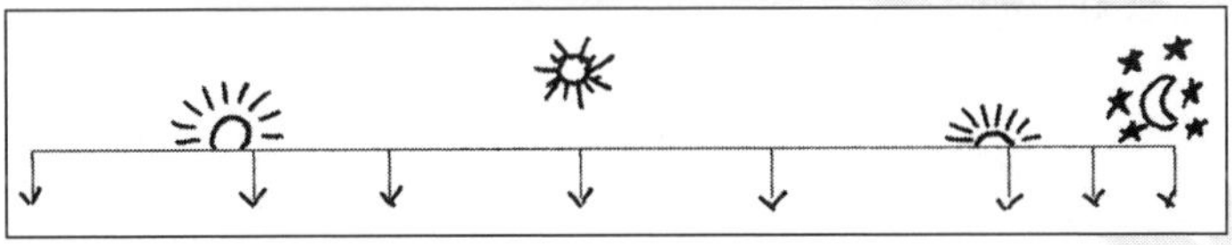

Le crépuscule – La nuit – L'aube – Le matin – Le coucher du soleil – Midi – L'après-midi – L'aurore.

Mémo

.3.
Les couleurs

Noir	Orange
Marron	Rose
Violet	Beige
Bleu	Jaune
Vert	Gris
Rouge	Blanc

Adjectifs		Verbes
Foncé # clair	Bleuté	Noircir # Blanchir
Doré # argenté	Verdâtre	Rougir
Transparent # opaque	Rougeâtre	Jaunir
Vif # terne	Rosé	Verdir
Brillant	Doré	Colorer
Uni # bariolé	Argenté	Colorier
Monochrome # polychrome		Peindre
Fluo		Estomper
Camaïeu (tous les dégradés de même couleur)		

Proverbes ou expressions

La parole est d'argent mais le silence est d'or : *il faut réfléchir avant de parler*

Tout ce qui brille n'est pas or : *il ne faut pas se fier à la première impression*

En voir de toutes les couleurs : *avoir des moments difficiles*

1. Retrouver des **couleurs** en remplaçant les vides par des voyelles. Il faut lire UNIQUEMENT horizontalement.

V			L		T
M		R	R		N
	R		N	G	
J			N		
R		U	G		
B	L		N	C	
N			R		
B	L				
R		S			
V		R	T		
G	R		S		

2. Retrouver **7 couleurs**. Il faut chercher uniquement verticalement.

B							
L							
					L		R
				B			
C	O	U	L	E	U	R	S
						T	
		E					
	N		C	E			

Mémo

Les couleurs

Expressions

Blanc : Être blanc comme un linge : *être très pâle*
Passer une nuit blanche : *ne pas dormir de la nuit*
Être blanc comme neige : *ne rien avoir à se reprocher*
L'or blanc : *la neige*
Un mariage blanc : *un mariage non consommé charnellement*

Bleu : Avoir une peur bleue : *avoir une grande peur*
Être bleu de froid : *être frigorifié*
N'y voir que du bleu : *ne rien voir, ne rien comprendre*
Un steak bleu *: peu cuit*
Avoir un bleu : *avoir un hématome*
Avoir du sang bleu : *être de lignée noble*

Gris : Être un peu gris : *avoir un peu bu*

Jaune : Rire jaune : *rire en dissimulant son dépit ou sa gêne*
Avoir la fièvre jaune : *c'est une maladie*

Marron : Un avocat marron : *un avocat malhonnête*

Rouge : Être rouge comme une tomate : *être très rouge*
Boire un coup de rouge : *boire un verre de vin rouge*
Être rouge de honte : *avoir vraiment honte*

Noir : Être noir de colère : *être très en colère*
Broyer du noir : *ne pas avoir le moral*
Voir un film **en noir et blanc**
Travailler au noir : *avoir une activité professionnelle non déclarée*
Prendre un petit noir *: prendre un café*
L'or noir : *le pétrole*
Être noir : *être ivre*
Avoir des idées noires : *ne pas avoir le moral*
Le marché noir : *trafic clandestin de marchandises*

Rose : Voir la vie en rose : *lorsque tout va bien*
Être frais comme une rose : *être en très bonne santé*
Roman à l'eau de rose : *une histoire pleine de bons sentiments*

Vert : Se mettre au vert : *prendre des vacances à la campagne*
Avoir la main verte : *avoir des talents de jardinier*

3. Retrouver le nom de **couleurs** en remplaçant les cases vides par des **consonnes**. (Toutes les couleurs proviennent de choses à qui elles doivent leur nom).

	U		Q	U	O	I		E
M	O	U		A			E	
	A	U		O	N			
	I		A	S				
	A			E				
P	R	U	N	E				
	A		E					
	O		E					

4. Retrouver les noms de **couleurs** en remettant les lettres à la bonne place :

LBCNA ____________________

EGUOR ____________________

TRVE ____________________

AUENJ ____________________

UEBL ____________________

RNIO ____________________

RMRNOA ____________________

ISGR ____________________

5. Remetter les **couleurs à la bonne place** en les faisant correspondre aux phrases :

1. Le ciel est ____________________ Vert
2. Le bonhomme de neige est ____________________ Bleu
3. Le charbon est ____________________ Gris
4. L'arbre est ____________________ Jaune
5. Les nuages sont ____________________ Rouge
6. La tomate est ____________________ Marron
7. La terre est ____________________ Blanc
8. Le soleil est ____________________ Noir

Mémo

.4.
Les chiffres, l'heure

Les unités :		Les dizaines	
Un	1	Dix	10
Deux	2	Vingt	20
Trois	3	Trente	30
Quatre	4	Quarante	40
Cinq	5	Cinquante	50
Six	6	Soixante	60
Sept	7	Soixante-dix	70
Huit	8	Quatre-vingt	80
Neuf	9	Quatre-vingt-dix	90
Dix	10	Cent	100
Onze	11	Vingt-et-un	21
Douze	12		
Treize	13	Une demi-douzaine	(6)
Quatorze	14	Une dizaine	
Quinze	15	Une douzaine	
Seize	16	Une vingtaine	
Dix-sept	17		
Dix-huit	18		
Dix-neuf	19	Cent, deux cents, trois cents…	
Vingt	20		

Mille, deux mille, trois mille
Un million, deux millions…

Expressions

Une de perdue, dix de retrouvées
Un homme averti en vaut deux
Il faut tourner sept fois sa langue dans la bouche avant de parler

1. Retrouver **15 chiffres** dans cette grille. Les mots peuvent se lire horizontalement, verticalement, de gauche à droite, de droite à gauche, de haut en bas ou de bas en haut. Il n'y a pas de mot en diagonale.

	1	2	3	4	5	6	7
1	Q	U	A	T	R	E	N
2	N	N	B	R	S	M	H
3	I	T	R	O	I	S	U
4	C	I	D	I	X	L	I
5	D	U	O	S	E	P	T
6	E	H	S	F	U	E	N
7	U	O	N	Z	E	B	U
8	X	E	Z	N	I	U	Q

2. Faire les **opérations suivantes** et compléter les lettres manquantes :

3 + 2 = C - - Q

6 + 3 = N - - F

1 + 9 = D - X

7 + 1 = H - - T

4 + 8 = D - - - E

9 – 2 = S - - T

7 - 5 = D - - X

2 + 1 = T - - - S

10 – 6 = Q - - - - E

3 + 4 = S - - T

7 + 4 = O - - E

6 + 2 = H - - T

22 – 7 = Q - - - - E

14 + 2 = S - - - E

8 + 3 = O - - E

17 + 3 = V - - - T

16 – 4 = D - - - E

40 – 10 = T - - - - E

51 + 9 = S - - - - - - E

25 + 15 = Q - - - - - - E

53 – 3 = C - - - - - - - E

98 + 2 = C - - T

39 + 1 = Q - - - - - - E

45 – 35 = D - X

Mémo

Les chiffres, l'heure

L'heure

Il est 1 (une) **heure juste**
Il est 2 deux heures
Il est 3 trois heures 05 (cinq)
Il est 4 heures **et quart (1/4)**
Il est 5 heures vingt (20)
Il est 6 heures vingt-cinq (25)
Il est 7 heures **(et demie)** 1/2
Il est 8 heures **moins** vingt-cinq
Il est 9 heures **moins le quart** (-1/4)
Il est 10 heures moins dix (10)
Il est 11 heures moins cinq
Il est 12 heures
Il est **midi**
Il est **minuit**
Il est 14 heures quarante (40)
Il est vingt-deux heures
Il est 13 heures douze
Il est **environ**, à peu près…
Il est 5 heures **passées**
Il est **exactement** 3 heures
Mon réveil avance # Mon réveil retarde
Être à l'heure # Être en retard
La montre, le réveil, la pendule, l'horloge
9 heures **sonnent**.

Expression

Chercher midi à quatorze heures : *penser que quelque chose est compliqué alors que c'est simple*

3. Retrouver **l'heure** d'après les dessins ci-dessous :

1. ______h 2. ______h 3. ______h 4. ______h 5. ______h

4. Trouver la **bonne réponse** en utilisant les heures proposées :

7h – 17h20 – 11h – 7h30 – 8h – 12h30 – 21h30 – 17h – 22h – 7h10 – 7h45 – 20h – 14h – 17h10

1. Je prends le goûter à _____
2 Je me lève à _____
3. Je rentre à la maison à _____
4. Je me couche à _____
5. Je regarde la télévision jusqu'à _____
6. Je prends ma douche à _____
7. Je pars à l'école à _____
8. Je déjeune à _____
9. Les cours commencent à _____
10. Je sors de l'école à _____
11. Je dîne à _____
12. L'après-midi, les cours recommencent à _____
13. Je prends mon petit-déjeuner à _____
14. Mais le dimanche, je fais la grasse matinée jusqu'à _____

Mémo

.5.
Les vêtements

Pour se couvrir

L'anorak

Le blouson

Le manteau

L'imperméable

La veste

Pour s'habiller

La jupe

La robe

La minijupe

La salopette

Le pantalon

Le costume

Le gilet

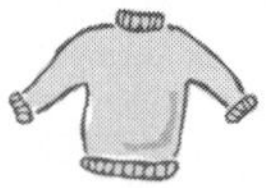
Le pull (le pull-over)

Le tee-shirt

Pour dormir ou le matin

La chemise de nuit

Le peignoir

Le pyjama

La robe de chambre

Pour la plage

Le short

Le maillot de bain

Le bermuda

Le débardeur

Le caleçon

1. Retrouver les noms en remettant **les lettres dans le bon ordre** et en rajoutant l'article correspondant :

1. L - E - G - T - I - : Le ____________________
2. L – B – O – N – U – O – S – : Le ____________________
3. E – P – J - U - : La ____________________
4. C – S – T – E – M – O – U – : Le ____________________
5. N – O – L – T – A – A – P – N – : Le ____________________
6. I – E – P – R – E – A – B – M – M – L –E : L ____________________
7. K – A – R – O – A – N – : L' ____________________
8. U – L – P – L - : Le ____________________
9. E – E – I – T – S – H – T – R – : Le _________ – _________
10. M – A – T – N – U – A – E – : Le ____________________

2. Retrouver dans cette grille **11 mots** se rapportant aux **vêtements.** Avec les lettres restantes retrouver 2 mots déjà dans la grille.

	1	2	3	4	5	6	7	8
1	U	A	E	T	N	A	M	Y
2	P	E	M	U	T	S	O	C
3	A	P	P	J	U	P	E	J
4	N	T	Y	P	A	J	T	M
5	T	E	J	U	A	U	S	V
6	A	L	A	L	S	P	E	E
7	L	I	M	L	E	E	V	T
8	O	G	A	N	O	R	A	K
9	N	E	S	I	M	E	H	C

____

____

Jeux

Mémo

Les vêtements

Le col roulé — *Le col en V* — *La chemise* — *Le jogging* (*le survêtement*) — *Le jean*

Pour le soir

La robe du soir — *Le smoking* — *L'habit* — *Le tailleur* — *L'étole*

Adjectifs

Ample — *Court* — *Déchiré* — *Étroit* — *Froissé* — *Large*

Long — *Neuf* — *Propre* — *Sale* — *Serré* — *Vieux* (*usagé*)

Les tissus

À carreaux — *À fleurs* — *À pois* — *À rayures (rayé)* — *Imprimé* — *Uni*

3. Retrouver **le nom** des objets dessinés :

1

2

3

4

5

6

7

8

9

10

11

12

1. ______________________ 2. ______________________
3. ______________________ 4. ______________________
5. ______________________ 6. ______________________
7. ______________________ 8. ______________________
9. ______________________ 10. ______________________
11. ______________________ 12. ______________________

4. Donner **le contraire** :

1. La jupe ____________ 2. Court __________________
3. Ample _____________ 4. Neuf __________________
5. Sale _______________

Jeux

Mémo

Les vêtements

Les accessoires

Les bas

Le béret

Le bonnet

Les bretelles

La casquette

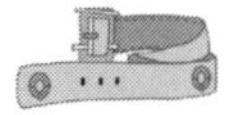
La ceinture

Le chapeau

Les chaussettes

Le col

La cravate

La culotte

L'écharpe

Le foulard

Les gants

Les lunettes

Les moufles

Le nœud papillon
(familièrement le nœud pap)

Le parapluie

Le sac à main

La pochette

Parties du vêtement

Le bouton

La capuche

La fermeture éclair
(Le zip)

Le lacet

La manche

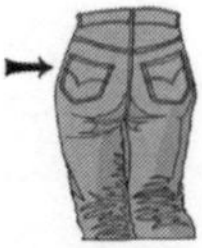
La poche

Le poignet

Le revers

La semelle

Le talon

5. Retrouver le **nom des objets** dessinés :

1.__________

2.__________

3.__________

4.__________

5.__________

6.__________

7.__________

8.__________

9.__________

10.__________

11.__________

12.__________

13.__________

14.__________

15.__________

16.__________

6. **Compléter** les phrases :

1. Il fait très froid, je vais mettre des __________________ pour protéger mes mains.
2. Il pleut. N'oublie pas de prendre ton __________________ avant de sortir.
3. Tu vas mettre ta cravate ou ton __________________ ?
4. Je suis enrhumé. Je vais avoir besoin d'un __________________ pour me couvrir la tête et ne pas avoir trop froid.
5. Je n'y vois pas très bien. Passe-moi mes ________________

Mémo

Les vêtements

Verbes

Agrafer	Lacer
Boutonner	Mettre quelque chose (chapeau, habit)
Changer	Nouer
Chausser	Ôter son chapeau
Déchirer	Porter un vêtement
Déboutonner	Repasser
Délacer	Retirer
Enfiler	Se changer
Enlever	Se déshabiller
Essayer	Se dévêtir
Être à la mode	Se vêtir
Être démodé	S'habiller
Faire du 40 (taille)	Suivre la mode
Froisser	Tacher

Les chaussures

Les chaussons de danse

Les baskets

Les bottes

Les cuissardes

Les pantoufles

Les sabots

Les sandales

Le talon

Les tennis

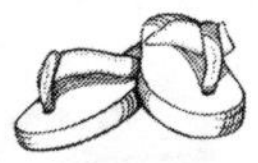
Les tongs

Expressions

L'habit ne fait pas le moine *: il ne faut pas se fier aux apparences*
Retourner sa veste : *changer d'avis*
Porter la culotte : *commander à la maison*
Être culotté : *être effronté, audacieux*
Ça lui va comme un gant : *très bien*
Prendre une veste : *avoir un échec*
C'est bonnet blanc et blanc bonnet : *c'est la même chose*

7. Trouver l'**intrus** :

1.	Robe de chambre	peignoir	pantoufle	chapeau
2.	Casquette	bonnet	chapeau	robe
3.	Tongs	ceinture	sandales	bottes
4.	Blouson	imperméable	mouchoir	veste
5.	Chemise	collant	chaussette	bas
6.	Col roulé	pantalon	chemise	pull
7.	String	caleçon	col	slip
8.	Tennis	chapeau	tongs	bottes

8. Retrouver le **nom des chaussures** en complétant les voyelles manquantes :

S		N	D		L		S
B		S	K		T	S	
T		N	N		S		
B		T	T		S		
S		B		T	S		
T		N	G	S			

9. Retrouver le **nom des chaussures** d'après les dessins :

1. ______________

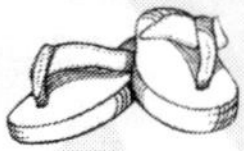

2. __________

3. __________

4. __________

5. __________

6. __________

Mémo

.6.
La maison

Noms

Le chalet

L'étage

Le garage

Le gratte-ciel

La maison

La copropriété : *ensemble d'immeuble avec plusieurs propriétaires*
Le F1 (le studio) : *une pièce*
Le F2, le F3, le F4 : *appartement comportant 2,3 ou 4 pièces*
HLM : *habitation à loyer modéré, immeuble de petit standing*
La bicoque : *maison d'apparence médiocre*
L'immeuble : *bâtiment comportant plusieurs étages*
La kitchenette : *petite cuisine aménagée*
Le loft : *logement d'artiste dans un ancien local professionnel*
Le meublé : *appartement loué avec des meubles*
Le propriétaire : *celui à qui appartient la maison ou l'appartement*
La villa : *vaste maison avec un jardin*

Verbes

Acheter

Déménager

Entrer

Faire le ménage

Repasser

Descendre

Fermer

Monter

Ouvrir

Sonner

1. Retrouver dans ces mots mélangés **5 verbes** et **11 substantifs** (un même mot se retrouve 2 fois et il y a un mot composé). Avec les lettres restantes retrouver **3** autres **verbes.**

	1	2	3	4	5	6	7	8	9	10	11
1	T	E	L	A	H	C	E	D	M	E	M
2	L	E	I	C	-	E	T	T	A	R	G
3	O	M	E	N	A	N	A	L	I	R	A
4	F	E	V	E	G	T	G	O	S	E	R
5	T	U	I	R	E	R	E	F	O	N	A
6	N	B	L	T	E	E	R	T	N	N	G
7	R	L	L	A	C	R	T	E	H	O	E
8	E	E	A	C	H	E	T	E	R	S	R
9	E	T	T	E	N	E	H	C	T	I	K
10	C	O	P	R	O	P	R	I	E	T	E
11	F	E	R	M	E	R	I	R	V	U	O

Vertical

1. ____________________
2. ____________________
3. ____________________
6. ____________________
7. ____________________
8. ____________________
9. ____________________
10. ____________________
11. ____________________

Horizontal

1. ____________________
2. ____________________
8. ____________________
9. ____________________
10. ____________________
11. ____________________

Lettres restantes : ____

Les verbes sont : ____

Jeux

Mémo

La maison

La cuisine

Les assiettes

La casserole

La cuisinière

L'étagère

L'évier

Le four

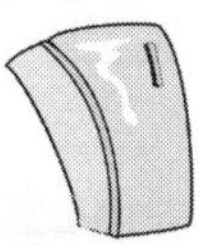
Le frigo
(le réfrigérateur)

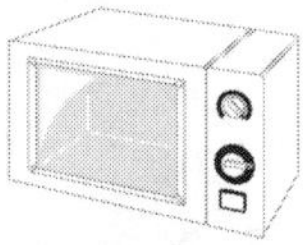
Le micro-ondes

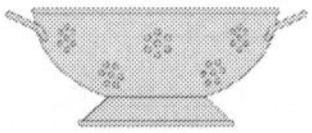
La passoire

La poêle

Accessoires

La cafetière

La cocotte-minute

Le couvercle

Le grille-pain

Le presse-agrumes

Expressions

En avoir ras le bol : *en avoir assez*
En faire tout un plat : *donner une importance exagérée*
Mettre les petits plats dans les grands : *préparer un repas très soigné*
Dresser la table *: mettre le couvert*
Faire table rase de quelque chose *: ne plus en tenir compte*

2. Remettre les **lettres dans le bon ordre :**

1. La A E O E C S R L S ____________________
2. L'R V I E E ____________________
3. Le R F O U ____________________
4. La P S S R A E I O ____________________
5. Le R F G E I T U E R R E A R ____________________
6. La O E E L P ____________________
7. La C S N R I U I I E E ____________________

3. Répondre par **vrai ou faux :**

1. Le micro-ondes sert à conserver les aliments.
2. Le four permet de faire cuire les aliments.
3. Le frigo ou le réfrigérateur servent à conserver les aliments au froid.
4. La cuisinière sert pour cuire les aliments et elle est plus rapide que le micro-ondes.
5. La casserole sert pour mettre les aliments que l'on va faire cuire.
6. Il faut mettre les aliments dans une assiette pour les manger à table.
7. La cuisinière sert pour cuire les aliments et elle est moins rapide que le micro-ondes.
8. Si l'on ne possède pas de lave-vaisselle, il faut mettre les assiettes et les couverts dans l'évier pour les laver.
9. Pour faire des œufs au plat, j'utilise une poêle.
10. La passoire sert à égoutter.
11. Le presse-agrumes sert à préparer le café.
12. Le couvercle se met sous la casserole.
13. La cafetière sert à préparer les omelettes.
14. La passoire sert à réchauffer les aliments.
15. Le grille-pain sert à faire griller les tartines.

	1	2	3	4	5	6	7	8	9	10	11	12	13	14	15
Vrai															
Faux															

La maison

La chambre à coucher

L'armoire

Le chevet

La coiffeuse

La commode

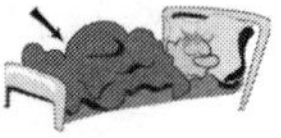
La couverture

Le couvre-lit

La descente de lit

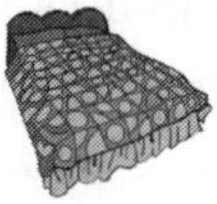
Le lit à 2 places

Le lit d'enfant superposé

Le matelas

Le portemanteau

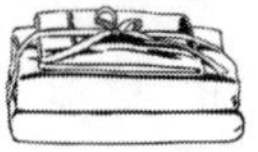
Le drap

Accessoires

La lampe de chevet

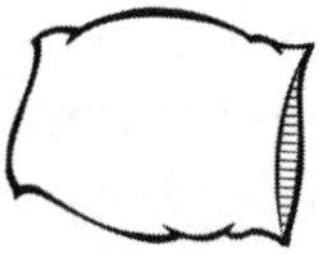
L'oreiller

La table de nuit

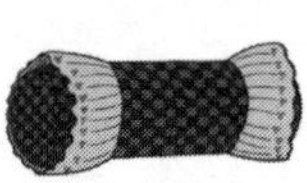
Le traversin

Expressions

Dormir sur ses deux oreilles : *dormir très profondément*
C'est une armoire à glace : *c'est une personne de forte carrure*
Tomber du lit : *se lever très tôt*
Tirer la couverture à soi : *chercher à tirer tout le profit d'une affaire*
Être dans de beaux draps : *être dans une situation embarrassante*

4. Retrouver les mots d'après le dessin :

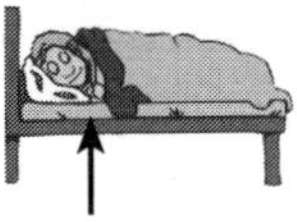

1. ________ 2. ________ 3. ________ 4. ________

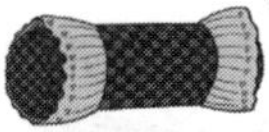
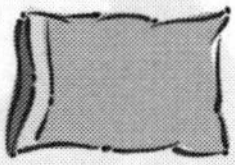

5. ________ 6. ________ 7. ________ 8. ________

5. Compléter la phrase :

1. Je prends ________________ pour préparer le café.
2. Il fait froid. Je vais rajouter ________________ dans mon lit.
3. Sur le sol, de chaque côté de mon lit se trouvent deux ________.
4. La ________________ est posée sur ma table de nuit pour m'éclairer.
5. Je vais faire une omelette dans la ________________.
6. Le matin j'utilise le ________________ pour me faire des toasts.
7. Tous les aliments sont au frais dans le ________________.
8. Pour réchauffer le plat rapidement je me sers du ________________.
9. Pour éviter les éclaboussures je mets toujours un ________________ sur mes casseroles.
10. Pour faire mon jus d'orange j'utilise toujours le ________________.

Mémo

La maison

La salle de séjour, le salon

Le buffet

Le canapé

La chaise

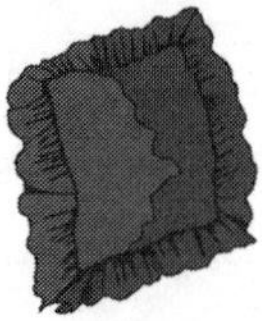
Le coussin

Le dossier

Le fauteuil

Le guéridon

Le lustre

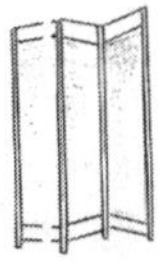
Le paravent

Le pouf

Les rideaux

Le rocking-chair

La table

Le tableau

La table basse

Le tapis

Le téléviseur

Expressions

Revenir sur le tapis : *être à nouveau le sujet de conversation*
Dérouler le tapis rouge : *recevoir quelqu'un avec les honneurs*
Réussir dans un fauteuil : *très facilement*

6. Retrouver 12 noms en remettant dans le bon ordre les syllabes suivantes.

Bu – ca – ffet – pé – na – se – chai – cou – fau – teuil – ssin- teuil – fau – ri – don – gué – tre – lus – ra- pa – vent – ta – ri – deaux – ble – pis – ta – seur – té – vi – lé.

1. ____________________ 2. ____________________
3. ____________________ 4. ____________________
5. ____________________ 6. ____________________
7. ____________________ 8. ____________________
9. ____________________ 10. ____________________
11. ____________________ 12. ____________________

7. On peut tous les utiliser pour s'asseoir mais démêler les fils pour retrouver le **nom des objets :**

1. ________________ 2. ________________ 3. ________________ 4. ________________

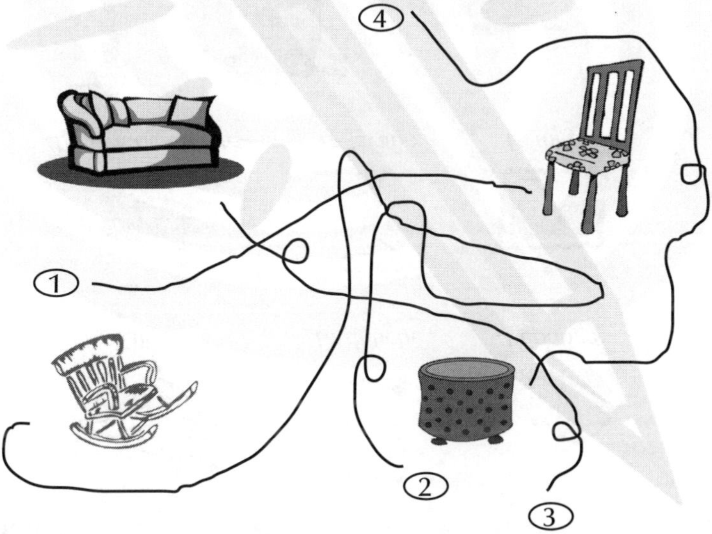

La maison

La salle de bain

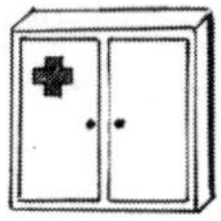
L'armoire à pharmacie

La baignoire

La douche

L'éponge

L'étagère

Le gant de toilette

Le lavabo

Le miroir

Le peignoir de bain

Le sèche-cheveux

La serviette de toilette

Le tapis de bain

La brosse à cheveux

La brosse à dent

Le dentifrice

Le peigne

Le savon

Expressions

Prendre une douche froide *: avoir une déception après s'être enthousiasmé*

Passer l'éponge *: pardonner*

Passer un savon *: réprimander quelqu'un*

Recevoir une douche écossaise *: recevoir alternativement de bonnes et de mauvaises nouvelles*

8. Relier les noms et **les verbes entre eux** (certains verbes peuvent servir plusieurs fois).

Coiffer – sécher – ranger – laver – étagère – douche – lavabo – brosse à cheveux – baignoire – savon – peigne – sèche cheveux – gant de toilette – peignoir – serviette de toilette – armoire à pharmacie.

1. ________________ : ________________
2. ________________ : ________________
3. ________________ : ________________
4. ________________ : ________________
5. ________________ : ________________
6. ________________ : ________________
7. ________________ : ________________
8. ________________ : ________________
9. ________________ : ________________
10. ________________ : ________________
11. ________________ : ________________
12. ________________ : ________________

9. Ranger chaque meuble dans la pièce qui convient en rajoutant l'article :

Table de nuit – cuisinière – lavabo – sèche-cheveux – matelas – frigo – cafetière – casserole – drap – lit – fauteuil – douche – poêle – oreiller – la baignoire – le lustre.

cuisine	salle sejour	salle de bain	chambre

Mémo

.7.
La ville

La rue

L'arrêt de bus

L'autobus

Le jardin public

La vitrine

Le lampadaire

Le panneau publicitaire

Le parterre de fleurs

La rue

Le banc

L'église

Le feu tricolore

Le passage piétons
(le passage protégé)

1. Reformer les mots en mettant les lettres dans le bon ordre et en supprimant la lettre qui est en trop :

1. C – U – S – N – A – H – E – S – E ______________
2. N – O – C – A – B ______________
3. A – E – I – I – T – V – R – N ______________
4. R – T – E – U ______________
5. R – V – M – O –E – I – U – T ______________
6. E – E – D – S – I – G – L ______________
7. T – O – S – S – A – U – B – U ______________
8. O – E – I – A – A – L – M – D – P – R ______________
9. T – T – T – O – O – R – R – I ______________

2. Reformer les mots en retrouvant les syllabes qui se trouvent pêle-mêle dans le tableau.

TO	**AU**	**CHAU**	**BUS**	**LAM**		
SSEE	**PA**	**SSANT**	**RE**	**TU**		
VOI	**NE**	**VI**	**TRI**	**PA**	**RE**	**DAI**

____

____

____

____

Jeux

Mémo

La ville

Les commerces

On achète du pain dans la **boulangerie**
La **boucherie** vend de la viande
La **poissonnerie** vend du poisson
Le **fleuriste** vend des fleurs
La **parfumerie** vend du parfum et des produits de beauté
On va à la **pharmacie** pour acheter des médicaments
Le **marchand de légumes** vend des légumes
À la **librairie** on achète des livres
Le **bureau de tabac** vend des cigarettes
On va chez le **coiffeur** pour se faire coiffer, faire une teinture, se faire couper les cheveux
On va au **bureau de poste** pour acheter des timbres, envoyer un paquet, un télégramme ou une lettre
On va à la **mairie** pour avoir des papiers officiels

Vocabulaire

La banlieue : *un ensemble de localités entourant une grande ville*
L'impasse : *une rue sans issue*
Le quartier : *une partie de la ville*
La ruelle : *une petite rue*
La zone piétonne : *une zone réservée aux piétons interdite aux voitures*
La zone bleue : *une zone à durée de stationnement limité*

Le gratte-ciel

Le carrefour

Le pont

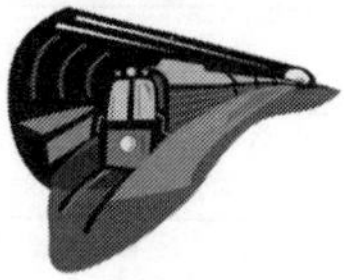
La gare

Le parking

3. Trouver le commerce correspondant aux dessins.

1. 

2. 

3. 

4. 

5. 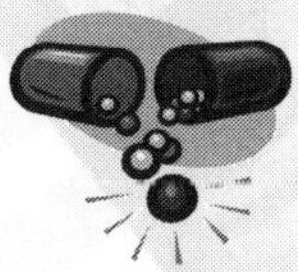

6. 

7. 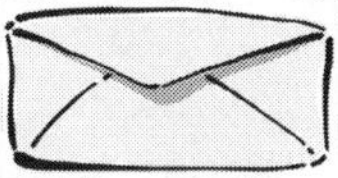

8. 

1. ______________________________
2. ______________________________
3. ______________________________
4. ______________________________
5. ______________________________
6. ______________________________
7. ______________________________
8. ______________________________

Mémo

.8.
La nourriture

Les légumes

L'artichaut

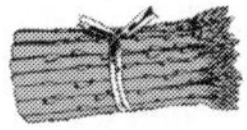

L'asperge

L'aubergine

La carotte

Le champignon

Le chou

Le chou-fleur

Le haricot vert

Le petit pois

Le poireau

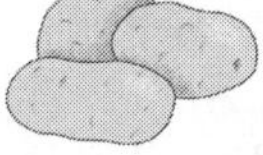

La pomme de terre

Les radis

La salade

L'ail

L'oignon

Le persil

Le blé

1. Mettre dans la première colonne les **légumes** qui ont une couleur **verte**.

L'artichaut – L'asperge – L'aubergine – La carotte – Le champignon – Le chou – Le chou-fleur – Le haricot vert – Le petit pois – La pomme de terre – La salade – L'ail – Le persil – Le blé.

Vert	Pas vert

2. Ranger dans la bonne colonne selon que les **aliments** se mangent en général **cru ou cuit** (certains peuvent se ranger dans les 2 colonnes à la fois).

L'artichaut – L'asperge – L'aubergine – La carotte – Le champignon – Le haricot vert – La pomme de terre – La salade – Le blé – Les radis.

Crut	Cuit

Mémo

La nourriture

Les fruits

L'abricot

L'amande

L'ananas

La banane

La cerise

Le citron

La figue

La fraise

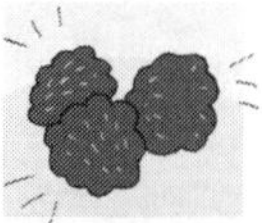
La framboise

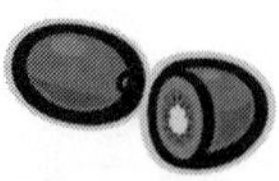
Le kiwi

Le melon

La noisette

La noix

L'orange

La pastèque

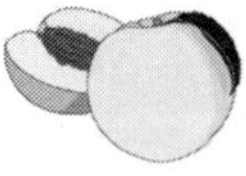
La pêche

La poire

La pomme

Le raisin

*La tomate**

(souvent considérée comme un légume)

3. Retrouver le fruit que donne l'arbre ou la plante :

L'amandier donne des ______________________

L'oranger donne des ______________________

Le figuier donne des ______________________

Le pêcher donne des ______________________

Le poirier donne des ______________________

Le framboisier donne des ______________________

Le citronnier donne des ______________________

Le noyer donne des ______________________

Le fraisier donne des ______________________

L'abricotier donne des ______________________

Le noisetier donne des ______________________

4. Compléter les cases en vous aidant des dessins :

F					O			E
	A					U		
N					T			
						T		
	M			D				
C			I					
	A				N			
F				S	E			
			R					
	I	G						
		C	H					
	O							
		W						

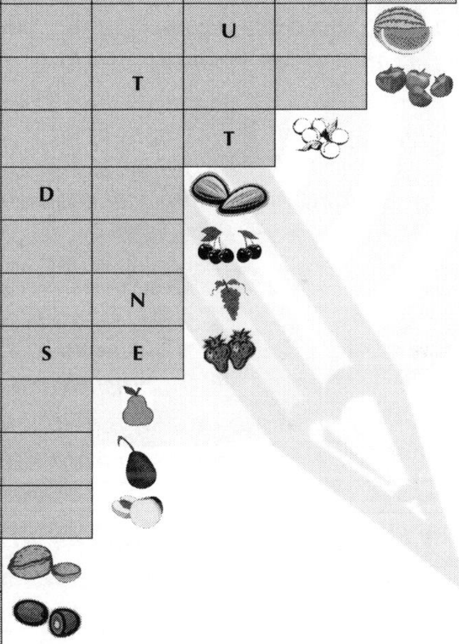

La nourriture

Expressions

Avoir un cœur d'artichaut : *être inconstant en amour, tomber amoureux fréquemment*
Être rouge comme une tomate : *être très rouge*
Prendre le melon : *prendre la grosse tête, s'en croire*
Avoir la pêche : *être plein de dynamisme*
Avoir la banane : *être plein de dynamisme*
Il y a un pépin : *il y a un problème*

Les plats régionaux

1. Le **cassoulet** : *plat d'origine du sud-ouest, ragoût de haricots blancs, de confit d'oie, de canard.*
2. La **fondue savoyarde** : *plat à base de lamelles de gruyère et d'emmenthal que l'on fait fondre avec du vin blanc.*
3. La **fondue bourguignonne** : *plat composé de petits dés de viande de bœuf que chaque convive plonge dans l'huile bouillante avec une fourchette et que l'on mange avec des sauces relevées.*
4. Le **pot-au-feu** : *plat composé de viande de bœuf bouillie avec carottes, poireaux, navets…*
5. La **daube** : *viande de bœuf braisée cuite à l'étouffée avec des légumes avec un fond de vin rouge.*
6. La **choucroute** garnie : *chou blanc finement haché fermenté dans de la saumure aromatisée de baies de genièvre et servie accompagné de charcuterie et de pommes de terre.*
7. La **quiche lorraine** : *tarte salée à base de pâte brisée garnie de lardons et recouverte d'un mélange d'œufs battus et de crème.*
8. La **bouillabaisse** : *soupe provençale préparée à partir de divers poissons et crustacés et relevée avec ail, safran et huile d'olive.*

Les plats internationaux

Le **couscous** : *plat d'Afrique du nord préparé avec de la semoule de blé dur cuite à la vapeur et servie avec un bouillon, des légumes et de la viande.* La **paella** : *plat espagnol à base de riz au safran garni de viande, de poisson, de crustacés.* La **pizza** : *plat italien sur une galette de pâte à pain garnie de tomates, de fromage, d'anchois… et cuite dans un four de boulanger.*

5. Qui suis-je ?

1 Les lapins m'adorent ____________________________

2. La laitue et la batavia sont deux de mes variétés____________________

3. On me prend toujours pour un légume que l'on peut manger cuit ou cru mais en réalité je suis un fruit ____________________________

4. Je suis un fruit tout jaune et acide ____________________________

5. Moi, je suis toute ronde et orange ____________________________

6. Je suis également un fruit très gros, vert à l'extérieur et toute rouge à l'intérieur et l'on me mange en été ____________________________

7. On trempe de petits morceaux de viande dans de l'huile bouillante ____________________________

8. On a besoin de moi pour faire du vin. Je peux être blanc, rosé noir, muscat ____________________________

9. Je suis à la base de la paella et l'on peut me rajouter de nombreux ingrédients ____________________________

10. Je suis marron à l'extérieur, je n'ai pas de noyau et je suis tout vert à l'intérieur ____________________________

6. **Replacer les lettres dans le bon ordre** pour retrouver des fruits et des légumes.

1. T – M – T – E – O – A ____________________________
2. R – N – O – A – E – G ____________________________
3. C – T – I – O – N – R ____________________________
4. E – O – M – P – M – ____________________________
5. E – A – S – L – A – D ____________________________
6. E – E – C – P – H ____________________________
7. N – I – A – I – S – R ____________________________
8. P – I – O – R – U – A – E ____________________________
9. U – H – O – C ____________________________
10. E – S – I – R – C – E ____________________________

Mémo

.9.
Les boissons

Noms de boissons

L'eau-de-vie : *boisson à base d'alcool aromatisé*
L'eau plate : *eau normale*
L'eau gazeuse : *eau avec des bulles*
La bière : *boisson fermentée et alcoolisée préparée à partie de l'orge et du houblon*
Le café : *boisson obtenue en versant de l'eau bouillante sur des graines de café*
Le café au lait : *mélange de café et de lait que l'on prend souvent pour le petit-déjeuner*
Le champagne : *spécialité française de vin blanc mousseux que l'on prépare en Champagne*
Le chocolat : *boisson à base de chocolat et d'eau ou de lait*
Le cidre : *boisson élaborée à partir de la fermentation du jus de pommes*
Le coca : *abréviation courante du coca-cola*
Le lait : *boisson de couleur blanche qui provient de la vache*
La limonade : *boisson gazeuse à base de sucre, d'acides et de citron*
La menthe à l'eau : *boisson obtenue en mélangeant de l'eau et du sirop de menthe*
Le panaché : *mélange de bière et de limonade*
Le pastis : *boisson alcoolisée du sud de la France à base d'anis*
Le punch : *boisson alcoolisée à base de rhum et de jus de fruit*
Le rhum : *eau-de-vie obtenue par la fermentation et la distillation des jus de canne à sucre*
La sangria : *boisson à base de vin rouge et de fruits coupés en morceaux*
La tequila : *boisson d'origine mexicaine à base d'agave fermentée*
La tisane : *boisson obtenue par dissolution dans l'eau de certaines plantes*
Le thé : *infusion à base de feuilles de théier*
Le tilleul : *infusion faite avec du tilleul*
La verveine : *infusion faite avec de la verveine*
Le vin : *boisson alcoolisée à base de raisin*
La vodka : *eau-de-vie de grain très répandue en Russie*
Le whisky : *eau-de-vie de grain fabriquée en Écosse*

1. Classer les **boissons** suivantes selon qu'elles comportent de l'**alcool ou non.**

Le café – le vin – le thé – la limonade – le champagne – le cidre – la bière – le pastis – le lait – le rhum – le café au lait.

Avec alcool	Sans alcool

2. Classer les **boissons** qui se boivent **chaudes ou froides** (certaines peuvent aller dans les 2 colonnes) :

Le thé – le café – le lait – le coca-cola – le chocolat – la bière – la sangria – le punch – le champagne – l'eau-de-vie – le panaché – le pastis – l'eau gazeuse – le cidre.

Chaud	Froid

Mémo

Les boissons

La bouteille

Le comptoir

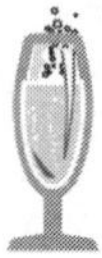

La coupe

Le garçon
Le serveur

Les glaçons

La paille

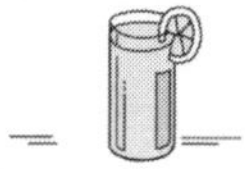

Le verre

Le plateau

Expressions

Aller boire un coup = prendre un pot : *aller prendre un verre*
Boire du petit lait : *éprouver une grande satisfaction*
Boire cul sec : *avaler d'un seul coup, d'un trait*
Être entre deux vins : *être un peu ivre*
Mettre de l'eau dans son vin : *se radoucir, ne plus être aussi strict*

Verbes

Chambrer : *faire séjourner une bouteille de vin dans la pièce pour qu'elle soit à température idéale de dégustation*
Déguster : *goûter et apprécier les qualités d'une boisson*
Rafraîchir : *rendre plus frais*

Boire

Mélanger

Porter un toast
Trinquer

Verser

3. Remetter les **syllabes dans l'ordre** pour trouver les boissons qui sont des infusions :

VEI – THE – NE – TIL – VER – LEUL

____

____

____

4. Retrouver **17 boissons** dans ce tableau. Avec les lettres restantes, vous pourrez former une nouvelle boisson déjà citée dans le tableau (il peut y avoir des mots écrits à l'envers).

	1	2	3	4	5	6	7	8	9	10
1	C	L	E	F	A	C	I	D	R	E
2	S	A	N	G	R	I	A	U	A	E
3	L	I	M	O	N	A	D	E	H	N
4	C	T	I	L	L	E	U	L	O	I
5	E	N	G	A	P	M	A	H	C	E
6	T	A	L	O	C	O	H	C	A	V
7	O	L	S	I	T	S	A	P	F	R
8	T	A	P	A	N	A	C	H	E	E
9	T	E	Q	U	I	L	A	N	I	V
10	E	A	U	D	E	V	I	E	H	T

Horizontal
1. ______________
2. ______________
3. ______________
4. ______________
5. ______________
6. ______________
7. ______________
8. ______________
9. ______________
10. ______________

Vertical
2. ______________
9. ______________
10. ______________

Il reste : 8 lettres ______________________________

Mémo

.10.
Au restaurant

Le cuisinier

Le maître d'hôtel

Le menu

L'addition

Assiette

Couteau

Fourchette

Cuillère

Le plat

Petite cuillère

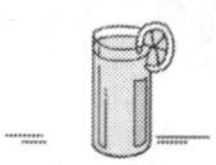
Verre

Pain

Vin

Soupière et la louche

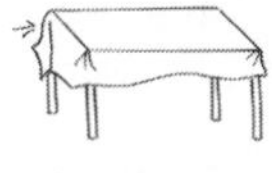
La nappe

Dessous de plat

Huile et vinaigre

Sel et poivre

La serviette

La viande

Le poisson

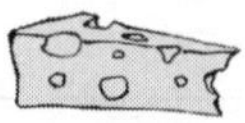
Le fromage

Les fruits

La glace

1. Répondre par **vrai ou faux :**

1. La fourchette sert à couper mes aliments.
2. Le fromage se mange en début de repas.
3. La viande et le poisson se mangent en même temps.
4. Les fruits se mangent à la fin du repas.
5. Si un aliment est fade il faut rajouter du sel.
6. Pour manger mon potage j'utilise une petite cuillère.
7. La louche est une grosse cuillère.
8. Le cuisinier sert à table.
9. Le plat est en général plus grand que l'assiette.
10. On mange dans une assiette.
11. Le couteau sert à couper.
12. On demande l'addition au début du repas.
13. Le garçon prépare le repas en cuisine.
14. Le dessous-de-plat sert à protéger la table.
15. Pour boire j'utilise une assiette.
16. La nappe sert à protéger l'assiette.
17. La louche sert à servir la soupe.

	1	2	3	4	5	6	7	8	9	10	11	12	13	14	15	16	17
Vrai																	
Faux																	

2. Retrouver à l'aide de ces formes des **éléments indispensables dans un restaurant.**

1.__________

2.__________

3.__________

4.__________

Mémo

.11.
La Poste

La file d'attente

Le guichet

Le paquet

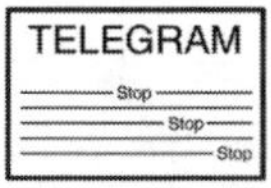

Le télégramme

La cabine téléphonique

Le portable

Le facteur

La sonnerie

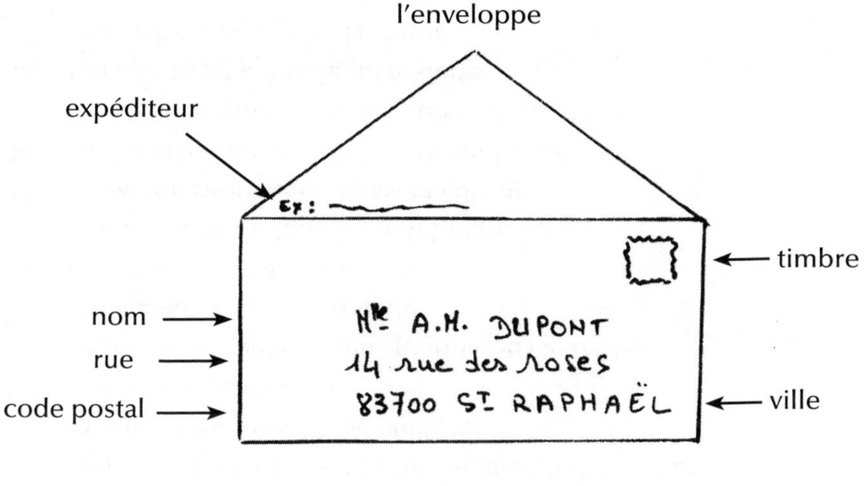

Allo ! : *c'est ce que l'on dit lorsque l'on appelle ou que l'on reçoit une communication*

Décrocher : *ce que l'on doit faire lorsque le téléphone sonne et que l'on veut parler*

Raccrocher : *ce que l'on fait lorsqu'on a fini de téléphoner*

1. Remettre les **éléments** suivants **dans le bon ordre** si l'on veut envoyer une lettre :

Jean – Monsieur et Madame – avenue – Nice – Gambetta – 06000 – Dubois – 45 – Expéditeur.

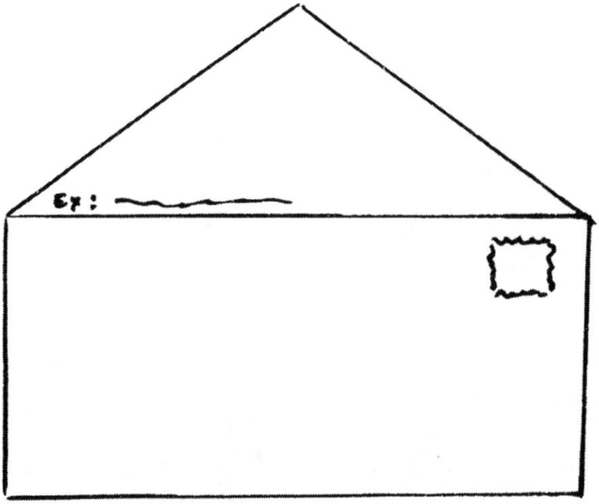

2. Reformer 4 mots avec les syllabes suivantes :

QUET – POR – GUI – TEUR – TA – CHET – PA – BLE – FAC

Mémo

.12.
Le corps humain

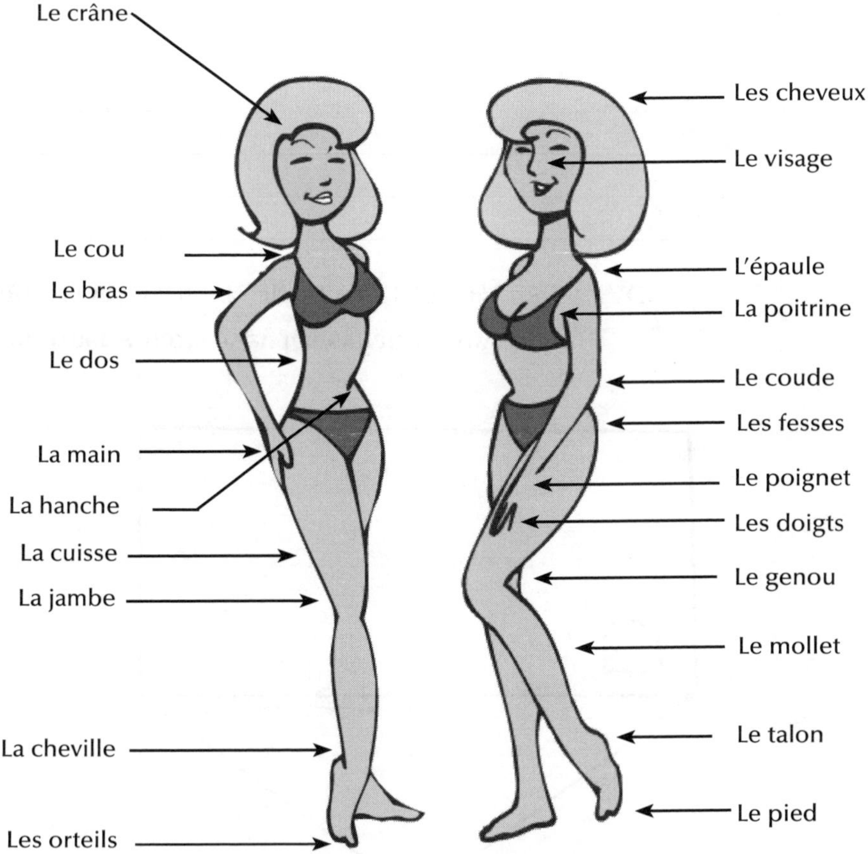

1. Retrouver les parties du corps **en complétant les** voyelles manquantes :

C	H		V		L	L	E
P		I	G	N		T	
	R	E		L	L	E	
V		S		G	E		
E	P			L			
M		L	L		T		
C		I	S	S			
G		N	O				
C		U	D				
T		L		N			
M		I	N				
D		S					
C		U					

2. Qui suis-je ?

1. Je relie la tête et le corps________________________
2. Ils poussent sur le crâne________________________
3. Je suis l'articulation entre le mollet et le pied______________
4. J'ai 5 doigts et je me trouve à côté du poignet______________
5. Je vais de la hanche à la cheville________________________
6. Je suis la partie avant de la tête________________________
7. Je suis l'articulation située au milieu de la jambe______________
8. On m'appelle aussi membre supérieur____________________

3. Classer les éléments suivant le nombre **qu'ils comportent :**

épaule – cou – orteil – doigt – cuisse – jambe – dos – main – pied – coude – talon

1	2	5

Mémo

Le corps humain

Expressions

Bras : avoir le bras long : *avoir de l'influence*
Se croiser les bras : *ne rien faire*
Cheville : ne pas arriver à la cheville de quelqu'un : *lui être inférieur*
Cœur : avoir mal au cœur : *avoir la nausée*
Avoir le cœur gros : *être peiné*
De bon cœur : *volontiers*
Coude : se serrer les coudes : *s'entraider*
Doigt : connaître sur le bout des doigts : *parfaitement*
Dos : en avoir plein le dos *: en avoir assez*
Se mettre quelqu'un à dos : *s'en faire un ennemi*
Épaule : bien avoir la tête sur les épaules : *être plein de bon sens*
Gorge : avoir un chat dans la gorge : *être enroué*
Jambe : prendre ses jambes à son cou : *s'enfuir à toute vitesse*
Main : mettre la main à la pâte : *participer à un travail*
Lever la main sur quelqu'un : *frapper*
Ne pas y aller de main morte : *agir avec brutalité*
Os : n'avoir que la peau et les os : *être très maigre*
Pied : ça lui fera les pieds : *ça lui servira de leçon*
C'est le pied ! (familier) : *c'est très agréable*
Tête : n'en faire qu'à sa tête : *faire ce que l'on veut*
Ne pas avoir de tête : *être très étourdi*
En avoir par-dessus la tête : *en avoir assez*
Ventre : ventre à terre : *rapidement*

Les 5 doigts de la main

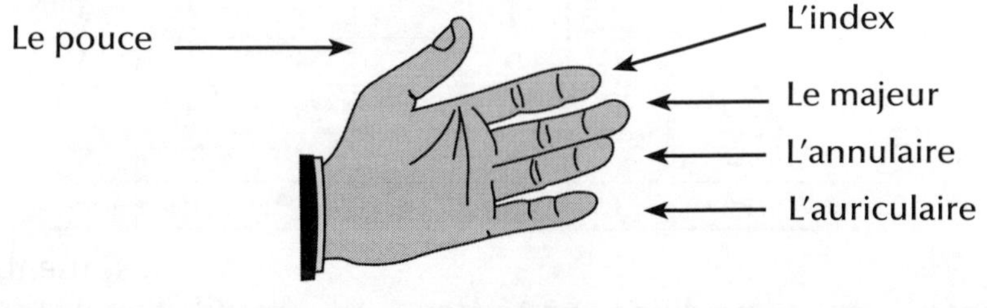

4. Retrouver **10 noms** de parties **du corps humain** en remettant les lettres à leur place :

1. I A G E V S ______________________
2. N A M I ______________________
3. S R B A ______________________
4. I E P D ______________________
5. E M B A J ______________________
6. E D O U C ______________________
7. I A N M ______________________
8. P U E E L A ______________________
9. U C O ______________________
10. T E N G P I O ______________________
11. N G E U O ______________________
12. E S S I C U ______________________
13. E E N V R T ______________________
14. O M E T L L ______________________
15. V E I G A S ______________________

5. Dire si les **affirmations** suivantes sont **justes ou fausses :**

1. Le coude est l'articulation de la jambe : _______
2. Le poignet se trouve entre le bras et l'avant-bras : ________
3. Le pied termine les membres inférieurs : ________
4. L'épaule est une articulation située près de la hanche : _______
5. La main se compose de quatre doigts :_______
6. La cuisse se trouve sous le genou : _______
7. Le genou est une articulation de la jambe : _______
8. Les doigts de pied se nomment également les orteils :_______

Mémo

.13.
Le visage

Mots croisés illustrés

1. Retrouver 7 mots d'après les dessins :

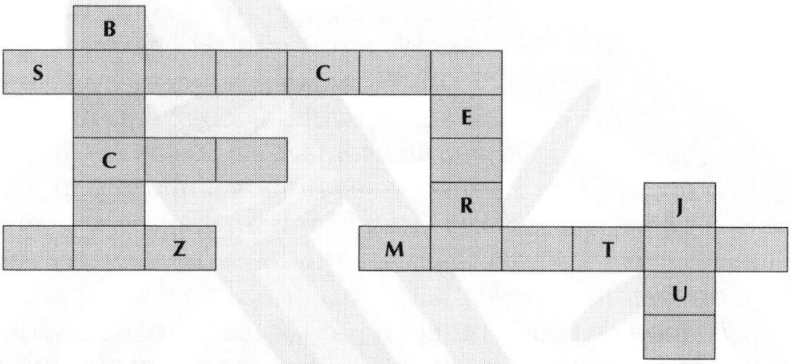

2. Répondre par **vrai ou faux :**

1. Je suis au milieu du visage : le nez.
2. Je me trouve au bord des yeux : les joues.
3. Je me trouve en bas du visage : le menton.
4. Nous sommes autour de la bouche : les dents.
5. Je sers pour respirer : le nez.
6. Nous sommes à la base du visage : les cheveux.
7. Nous sommes en dessous des yeux : les cils.
8. Nous servons à manger : les yeux.
9. Je suis composée de 2 lèvres : le cou.
10. Je relie la tête et le tronc : l'oreille.
11. Nous sommes de chaque côté de la tête : les oreilles.
12. Nous sommes entre les sourcils et le nez : les yeux.

	1	2	3	4	5	6	7	8	9	10	11	12
Vrai												
Faux												

Le visage

Expressions

Bouche : bouche cousue : *sans parler*
Faire la fine bouche : *faire le difficile*
Fermer la bouche à quelqu'un : *le faire taire*

Cheveu : ne tenir qu'à un **cheveu** : *à très peu de chose*
Se faire des cheveux : *se faire du souci*
Saisir l'occasion par les cheveux : *au moment où elle arrive, au moment propice*
Venir comme un cheveu sur la soupe : *venir mal à propos*

Dent : avoir une **dent** contre quelqu'un : *lui en vouloir*
Avoir les dents longues : *être ambitieux*
Être sur les dents : *être dans une attente fébrile*
N'avoir rien à se mettre sous la dent : *ne rien avoir à manger*
Parler entre ses dents : *parler indistinctement et tout bas*

Yeux : entre quatre **yeux** : *en tête à tête*
Loin des yeux, loin du cœur : *loin des gens on les oublie*
Avoir la larme à l'œil : *être sur le point de pleurer*
À l'œil : *gratuitement*
Ouvrir l'œil *: être attentif*
Avoir l'œil sur : *surveiller*
Ne pas pouvoir fermer l'œil de la nuit : *ne pas pouvoir dormir*
Fermer les yeux sur quelque chose : *faire semblant de ne pas la voir*

Oreille : se faire tirer l'**oreille** : *se faire prier*
Venir aux oreilles de quelqu'un : *être porté à sa connaissance*
Avoir de l'oreille : *aptitude à reconnaître les notes de musique*
Dormir sur ses deux oreilles : *dormir profondément*
Tendre l'oreille : *écouter attentivement*

Langue : avoir avalé sa **langue** : *garder le silence*
Avoir la langue bien pendue : *parler beaucoup*
Avoir un cheveu sur la langue : *zozoter*
Donner sa langue au chat : *ne pas deviner et demander la solution*
Être une mauvaise langue : *une personne qui se plaît à médire*
Du bout des lèvres : *avec réticence*

Nez : avoir du **nez** *: être perspicace*
Avoir un verre dans le nez *: être un peu ivre*
Avoir quelqu'un dans le nez : *ne pas aimer une personne*
Mener quelqu'un par le bout du nez : *lui faire faire tout ce que l'on veut*
Mettre le nez dehors : *sortir*
Se casser le nez *: trouver porte close, échouer*

3. Retrouver dans ce serpent **9 mots de vocabulaire** ayant pour thème **le visage** (attention, certains mots peuvent se lire à l'envers).

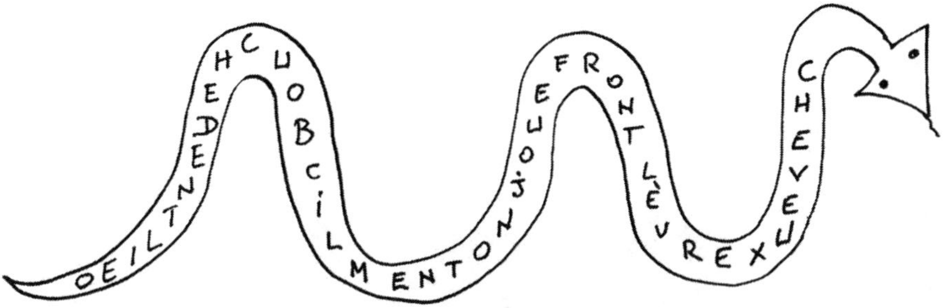

____

____

____

____

____

____

4. Noter dans une colonne ou dans l'autre le **vocabulaire** suivant selon que les éléments se trouvent **par paire ou non :**

L'oreille – le nez – la lèvre – la bouche – le sourcil – la pommette – la tempe – le front – la langue – l'œil.

Par paire	Seul

Jeux

Mémo

.14.
Description physique

Les coiffures

En brosse

Les cheveux attachés

Les cheveux lâchés

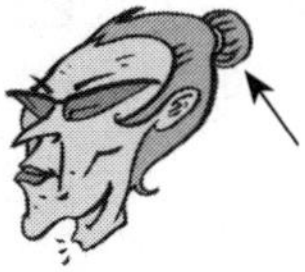

Le chignon

Chauve

Les couettes

La frange

Les nattes / les tresses

La queue de cheval

Les cheveux

Frisés

Ondulés

Raides

Longs

Courts

1. Donner **deux** mots pour décrire les dessins suivants, tous deux **se rapportant aux cheveux :**

1. cheveux ________

2. cheveux ________

3. cheveux ________

4. cheveux ________

5. q ________________

6. c ________________

Mémo

Description physique

Les couleurs des cheveux : du plus foncé au plus clair
Noir – Brun – Châtain – Roux – Gris – Blond – Blanc

Le nez

Droit

En trompette

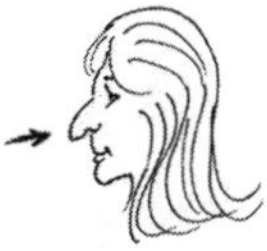

Aquilin

Les taches de rousseur

Les yeux

En amande

Bridés

Borgne

Qui louche

Les lunettes

Adjectifs

Grand

Petit

Gros

Mince

Maigre

2. Donner deux adjectifs pour décrire les dessins suivants, l'un se rapportant **au corps** et l'autre **aux cheveux :**

1. ____________________

2. ____________________

3. ____________________

4. ____________________

5. ____________________

6. ____________________

Mémo

.15.
La santé, la maladie

L'ambulance

Le brancard

Les béquilles

Le chirurgien

Le fauteuil roulant

L'infirmière

L'opération

L'ordonnance

Les pilules

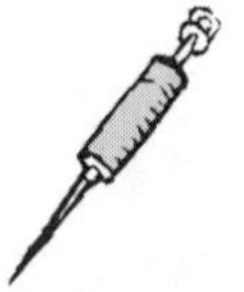
La seringue

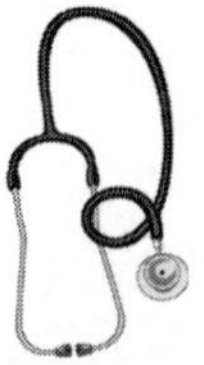
Le stéthoscope

Le thermomètre

Expression

Avoir une fièvre de cheval : *avoir une forte fièvre*
Dans la fièvre (du départ) : *un désir ardent de*

1. Se servir de la définition pour **retrouver le bon mot :**

1. Elle sert à faire les piqûres :

   ____

2. On l'utilise pour prendre la température :

   ____

3. Si la personne ne peut pas marcher, on l'utilise pour pouvoir se déplacer, assis :

   ____

4. Ce sont de petits médicaments ronds que l'on avale :

   ____

5. C'est un instrument constitué d'un tube souple en Y et qui permet l'auscultation :

   ____

6. Feuille sur laquelle est portée la prescription du médecin :

   ____

7. Véhicule qui permet de transporter les blessés ou les malades :

   ____

8. Civière formée de deux bras entre lesquels est tendue une toile et qui sert au transport de personnes blessées :

   ____

9. Médecin spécialiste pratiquant des interventions chirurgicales :

   ____

10. Auxiliaire médicale qui aide le médecin à soigner les malades :

    ____

11. Intervention chirurgicale :

    ____

12. Sorte de cannes, utilisées par les personnes blessées pour marcher, s'appuyant dans le creux de l'aisselle :

    ____

La santé, la maladie

La bande

La fièvre

Le sirop

La gaze

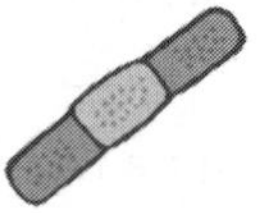
Le pansement

Le plâtre

La brûlure

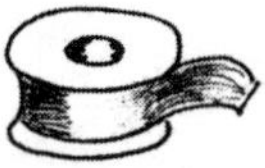
Le sparadrap

Les médicaments

Le mal à la tête

La rage de dents

La grippe

Le rhume

Éternuer

Se moucher

L'œil au beurre noir

La bosse

2. Retrouver dans ce tableau **15 mots** ayant pour thème la **maladie**. Les mots peuvent se lire de haut en bas ou de bas en haut, de droite à gauche ou de gauche à droite. Il n'y a pas de mot en diagonale. Vous pourrez former un dernier mot avec les lettres restantes.

	1	2	3	4	5	6	7	8	9	10
1	S	N	O	I	T	A	R	E	P	O
2	T	A	M	B	U	L	A	N	C	E
3	E	L	L	I	U	Q	E	B	P	R
4	T	D	B	R	U	L	U	R	E	E
5	H	R	F	H	G	A	Z	E	U	I
6	O	A	I	U	A	N	S	E	G	M
7	S	C	E	M	T	N	E	M	N	R
8	C	N	V	E	D	N	A	B	I	I
9	O	A	R	S	I	R	O	P	R	F
10	P	R	E	P	P	I	R	G	E	N
11	E	B	P	L	A	T	R	E	S	I

Horizontal :

1. __________
2. __________
3. __________
4. __________
5. __________
8. __________
9. __________
10. __________
11. __________

Vertical :

1. __________
2. __________
3. __________
4. __________
9. __________
10. __________

Lettres restantes : ____________________________

Jeux

.16.
Les animaux

La ferme

L'âne

Le canard

Le cheval

La chèvre

Le cochon

Le coq

Le dindon

Le lapin

Le mouton

L'oie

La poule

La vache

La maison

Le caniche

Le chat

Le chien

Le cobaye / Le cochon d'Inde

Le canari

La perroquet

Le poisson rouge

La souris

1. Retrouver le nom des animaux **d'après les définitions :**

1. J'aime ma liberté mais aussi les câlins. J'adore faire la sieste et boire du lait. Je suis ____________
2. J'aime bien tourner en rond dans mon bocal. Je suis _________
3. On dit que je suis vraiment très têtu : ________________
4. Certains disent que je suis la plus belle conquête de l'homme. Je peux trotter ou galoper : ____________________
5. Je ponds des œufs : ____________________
6. Je suis tout jaune et je vis dans une cage à la maison. Je m'appelle Titi : ________________
7. Je suis une race de chien mais je suis tout frisé : _____________
8. J'ai de longues oreilles et j'adore les carottes. Bugs Bunny est le plus connu de nous tous : ________________
9. Je suis en général très tranquille. Je vis dans les près et je vous donne du lait : ________
10. Je vous réveille le matin en poussant mon fameux « Cocorico ». Je suis ________________
11. Souvent on me représente tout rose avec la queue en tire-bouchon, mais je peux être très sale : ____________________
12. Je suis blanc, tout frisé. Je vis en troupeau et je suis toujours ceux qui sont devant moi : ________________________
13. J'adore me baigner dans la mare. Je suis un________________

Mémo

Les animaux

La forêt

Le crapaud

La chouette

L'écureuil

La grenouille

Le hérisson

Le loup

Le perroquet

Le renard

Le sanglier

La tortue

Les animaux sauvages

L'autruche

Le crocodile

L'éléphant

La girafe

L'hippopotame

Le lion

La panthère

Le rhinocéros

Le singe

Le zèbre

2. Retrouver les noms **d'animaux en complétant les cases vides par des** voyelles :

H		P	P		P		T		M	E
G	R		N		U		L	L	E	
P		R	R		Q	U		T		
P		R	R		C	H	E			
C	R		P	A		D				
G		R		F	E					
S		N	G							
L		O	N							
	N	E								

3. Retrouver les noms d'animaux **en complétant les cases vides par des** consonnes :

H	E		I		S	O	
C		O	U	E			E
	A	N			I	E	R
E		U		E	U	I	L
A	U		R	U			E
P	E			U	C	H	E

4. Essayer de reformer les familles complètes :

Le chat – le chien – le chaton – le lapin – la chatte – la poule – le poussin – la chienne – la lapine – le chiot – le lapereau – le coq.

Le mâle	La femelle	Le bébé

Mémo

Les animaux

Dans l'eau

La baleine

Le dauphin

L'étoile de mer

La langouste

La pieuvre

Insectes

L'abeille

La coccinelle

La fourmi

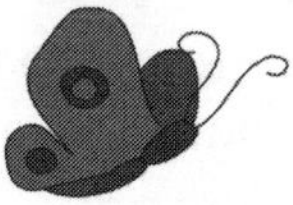
Le papillon

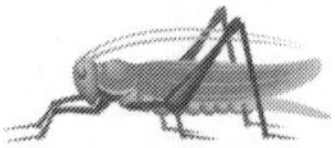
La sauterelle

Expressions

Être doux comme un **agneau** : *être très gentil*
Il fait un froid de **canard** : *il fait très froid*
Faire un **canard** : *faire une fausse note*
Il n'y a pas un **chat** : *il n'y a personne*
Donner sa langue au **chat** : *reconnaître que l'on ne sait pas répondre à une question*
Un remède de **cheval** : *un remède très énergique*
Avoir une fièvre de **cheval** : *avoir une forte fièvre*
Un temps à ne pas mettre un **chien** dehors : *il fait très mauvais*
Être malade comme un **chien** : *être très malade*
Avoir des larmes de **crocodile** : *de grosses larmes hypocrites*
Être comme un **éléphant** dans un magasin de porcelaine : *être maladroit*
Il n'y a pas de **lézard** : *il n'y a pas de problème*
Avoir la chair de **poule** : *avoir des frissons*
Être une **poule** mouillée : *être une personne lâche*
Quand les **poules** auront des dents : *jamais*
Malin comme un **singe** : *très malin*
Être une langue de **vipère** : *dire du mal de quelqu'un*

5. Classer en 2 colonnes **les animaux de la ferme** et **les animaux sauvages** (en retrouvant l'article) :

Cheval – Loup – Éléphant – Brebis – Vache – Chat – Lion – Mouton – Zèbre – Girafe – Poule – Chien – Canard.

Animaux sauvages	Animaux de la ferme

6. Mettre en 3 colonnes les **animaux** qui vivent **dans la mer, sur terre et dans les airs :**

La girafe – l'abeille – la fourmi – le dauphin – le chien – la pieuvre – le loup – le zèbre – le papillon – la langouste – le chat – le cheval – la poule – la baleine.

Dans la mer	Sur terre	Dans les airs

Mémo

.17.
L'école, les études

Le matériel

la trousse

la règle

le livre

le cahier

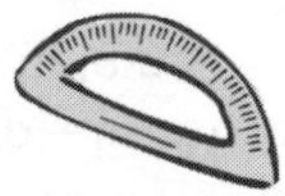

le rapporteur

le stylo

le tableau

le globe terrestre

le trombone

le taille crayon

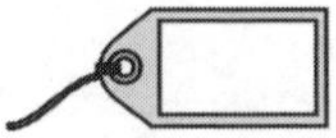

l'étiquette

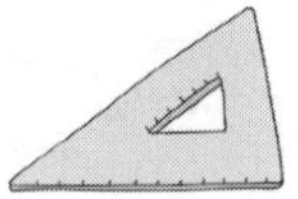

l'équerre

l'agrafeuse

le cartable

le compas

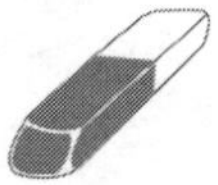

la gomme

1. Retrouver des objets servant à un élève en **remettant les lettres dans le bon ordre :**

1. la ______________ E R E L G
2. le ______________ I R V E L
3. la ______________ R O U E S T S

4. le ______________ O T S L Y
5. le ______________ R E I H C A
6. le ______________ A T L B A U E

7. le ______________ T O R M N B E O
8. l'______________ E T E T Q U I E T
9. le ______________ C R A T A L E B

10. la ______________ M M G O E
11. l'______________ E E E Q U R R
12. le ______________ C M O P S A

Mémo

L'école, les études

Les matières

L'anglais : *langue étrangère parlée en Angletterre et aux États-Unis*
L'algèbre : *résolution d'équations algébriques*
L'allemand : *langue étrangère parlée en Allemagne, en Autriche*
L'arithmétique : *branche des maths étudiant les propriétés des nombres*
Les arts plastiques : *en général englobe peinture et sculpture*
Le calcul : *mise en place des règles d'opérations (addition, soustraction…)*
Le calcul mental : *calcul qui se fait de tête*
La chimie : *étudie la constitution atomique et moléculaire des corps*
Le dessin : *technique de représentation d'un objet sur papier*
La dissertation : *exercice portant sur une question littéraire*
Le droit : *étude des règles juridiques*
L'économie : *étude de l'activité relative à la production, distribution et consommation des richesses*
L'écriture : *manière de former les lettres*
L'éducation musicale : *nom donné à l'étude de la musique*
L'éducation physique *: pratique des sports*
L'espagnol : *langue étrangère parlée en Espagne et en Amérique latine*
La géographie : *science portant sur la description de la terre*
La géologie : *science des matériaux constituant le globe terrestre*
La gestion : *étude de la manière de gérer et d'administrer une société*
La grammaire : *ensemble des règles phonétiques et syntaxiques d'une langue*
Le grec : *étude d'une langue morte parlée en Grèce*
L'histoire : *étude des événements passés*
L'informatique : *étude faite à partir d'ordinateurs et de logiciels*
L'italien : *langue étrangère parlée en Italie*
Les langues : *étude des langues étrangères vivantes ou mortes*
Le latin : *étude d'une langue morte parlée anciennement en Italie*
La lecture : *action de lire, de déchiffrer*
La littérature : *étude de l'ensemble des œuvres écrites*
Les mathématiques : *on dit les plus souvent « les maths »*
La musique : *se dit aussi éducation musicale*
La philosophie : *culture constituée par un ensemble d'interrogations. On dit généralement « la philo ». S'étudie uniquement en classe de « terminale »*
La physique : *science étudiant les propriétés générales de la matière*
Les sciences naturelles : *ne s'emploie plus en lycée se dit « SVT »*
La SVT (sciences et vie de la terre) : *anciennement étude des sciences naturelles*

2. Retrouver **la matière** d'après **le dessin :**

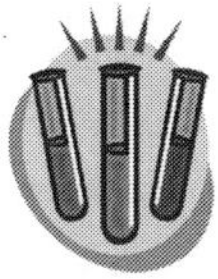

1. ____________ 2. ____________ 3. ____________ 4. ____________

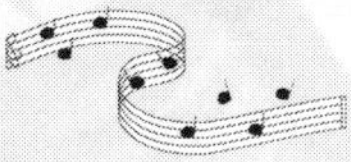

5. ____________ 6. ____________ 7. ____________ 8. ____________

3. Classer dans le tableau suivant les **matières** selon qu'elles sont **scientifiques, littéraires** ou **autres :**

La musique – les arts plastiques – la philosophie – la chimie – la physique – le français – l'italien – l'économie – le grec – l'espagnol – le latin – les mathématiques – le calcul – le droit – l'anglais – la lecture – la SVT – l'algèbre – l'allemand.

Scientifique	Litteraire	Autre

Mémo

.18.
Les métiers

Acrobate

Apiculteur

Avocat

Berger

Boucher

Boulanger

Boxeur

Chef d'orchestre

Cordonnier

Couturier

Cuisinier

Chimiste

Clown

Coiffeur

Danseuse

Dentiste

Électricien

Facteur

Fleuriste

Hôtesse de l'air

1. Retrouver le **métier** d'après **l'objet dessiné :**

1. ____________

2. ____________

3. ____________

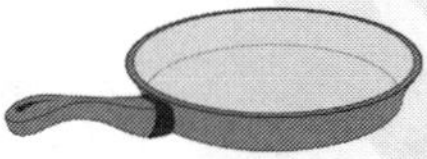

4. ____________

5. ____________

6. ____________

7. ____________

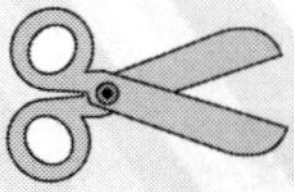

8. ____________

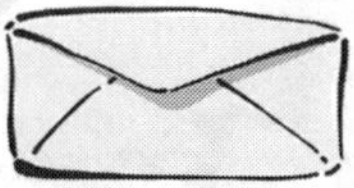

9. ____________

10. ____________

11. ____________

12. ____________

Mémo

Les métiers

Jardinier

Juge

Maçon

Magicien

Maître-nageur-sauveteur

Marin

Mécanicien

Mineur

Militaire

Musicien

Pâtissier

Pêcheur

Peintre

Pianiste

Pilote

Plombier

Plongeur

Poissonnier

Policier

Pompier

Pompiste

Professeur

Sculpteur

Serveur

Violoniste

Expression

Les cordonniers sont les plus mal chaussés

1. Retrouver le métier **d'après la définition :**

1. Je soigne les dents : ______________________
2. Je vends du poisson : ______________________
3. Je confectionne des gâteaux : ______________________
4. J'éteins les incendies : ______________________
5. Je vends des fleurs : ______________________
6. Je défends les gens dans un tribunal : ______________________
7. Je m'occupe de l'installation électrique : ______________________
8. Je vends le pain : ______________________
9. Je répare les voitures : ______________________
10. Je produis du miel : ______________________
11. Je distribue les lettres et les paquets : ______________________
12. Je m'occupe des passagers dans un avion : ______________________
13. Je vends de la viande : ______________________
14. Je conduis des avions : ______________________
15. Je m'occupe du jardin : ______________________
16. Je vais en mer pour pêcher : ______________________
17. Je joue du piano : ______________________
18. Je dirige un orchestre : ______________________
19. Je travaille dans une station-service et vends de l'essence : __________
20. J'interprète des ballets : ______________________

Mémo

.19. Les sports

L'alpinisme

La boxe

La course à pied

Le disque

L'équitation

L'escrime

Le hockey sur glace

Le javelot

Le judo

Le karaté

Le kayak

Le lancer de poids

La natation

Le patinage

La pêche

La planche à voile

1. Retrouver d'après les dessins **le sport** correspondant :

1. ________________ 2. ________________ 3. ________________

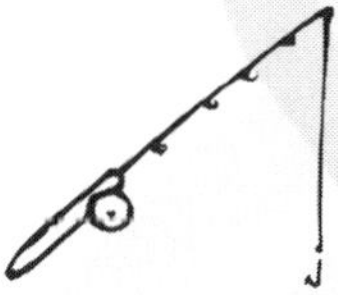
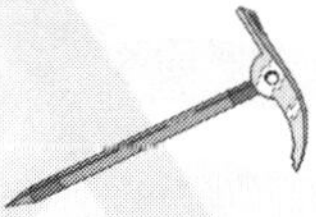

4. ________________ 5. ________________ 6. ________________

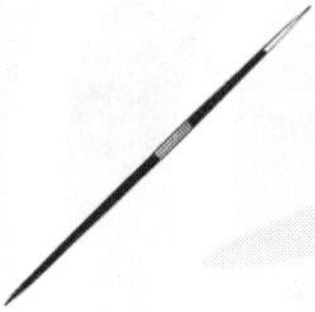

7. ________________ 8. ________________ 9. ________________

10. ________________ 11. ________________ 12. ________________

Mémo

Les sports

La plongée

Le relais

La poutre

Le saut à la perche

Le saut en hauteur

Le saut en longueur

Le ski

Le ski nautique

Le surf

Le tennis

Le tir à l'arc

La voile

Le windsurf

Les sports collectifs

le basket-ball

le football

le handball

le rugby

le volley-ball

2. Retrouver dans ce tableau **18 sports.** Les mots peuvent se lire de droite à gauche ou de gauche à droite, de haut en bas, de bas en haut ou en diagonale. Avec les lettres restantes, vous formerez un dernier mot déjà trouvé.

	1	2	3	4	5	6	7	8	9	10
1	E	M	S	I	N	I	P	L	A	E
2	T	N	A	T	A	T	I	O	N	Q
3	A	H	O	C	K	E	Y	A	L	U
4	R	V	W	V	O	I	L	E	I	I
5	A	O	I	T	E	N	N	I	S	T
6	K	L	N	K	J	U	D	O	P	A
7	A	L	D	N	S	G	O	L	F	T
8	Y	E	S	B	A	S	K	E	T	I
9	A	Y	U	E	X	O	B	I	I	O
10	C	E	R	P	E	C	H	E	R	N
11	M	S	F	O	O	T	B	A	L	L

Horizontal **Vertical** **Diagonale**

Lettres restantes :

Jeux

Mémo

.20.
Les moyens de locomotion

L'autobus

L'automobile (la voiture)

L'avion

Le bateau

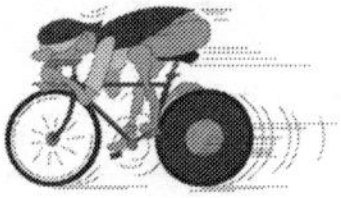

La bicyclette (le vélo)

Le break

Le camion

La camionnette

La décapotable

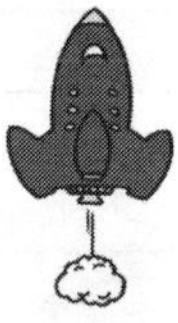

La fusée

L'hélicoptère

Le métro

La moto

La montgolfière

À pied

Le scooter

Le tandem

Le train

Le TGV (train à grande vitesse)

1. Classer par **ordre de vitesse décroissante** les éléments suivants :

La bicyclette – la fusée – à pied – l'avion – l'autocar – la voiture.

2. Retrouver le **moyen de locomotion** à l'aide des formes dessinées et en **remettant les lettres dans le bon ordre :**

1. VANOI : ____________

2. OOTM : ____________

3. VEIOUTR : ____________

4. IARNT : ____________

5. DEIP : ____________

6. EEELIHPOCTR : ____________

Mémo

.21.
Les vacances

La plage

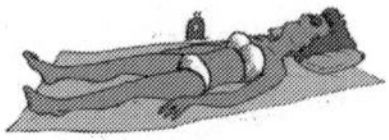

Bronzer

Nager

Pêcher

Plonger

Faire la planche

Le crabe

Le dauphin

La méduse

Le poulpe

Le poisson

La bouée

La chaise longue

Le coquillage

Le matelas

Le parasol

La barque

Le bateau

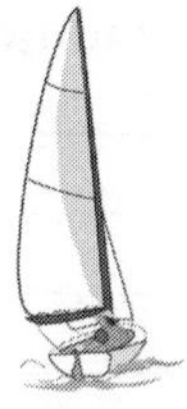

Le voilier

Le windsurf

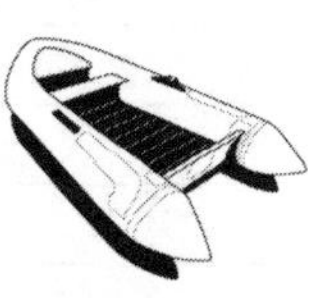

Le zodiac

1. Compléter **les phrases suivantes en** choisissant le bon mot :

1. Je ne sais pas nager. Je dois utiliser (une bouée – un parasol) : _______ _____________.
2. (Pêcher – Faire la planche) ____________ signifie attraper du poisson.
3. Il fait chaud, je vais me mettre sous le (matelas – parasol) ___________ _________ pour éviter le soleil.
4. J'aime beaucoup me faire (nager – bronzer) ____________ sur le sable.
5. (La méduse – le dauphin) __________________ peut provoquer des brûlures. Il faut s'en méfier.
6. (Le voilier – le zodiac) _________________ possède des voiles.
7. (Le windsurf – le poulpe) _____________ peut se manger.
8. (Le zodiac – le voilier) ____________________ possède un moteur de forte puissance.
9. (Le crabe – le dauphin) ____________________ nage très bien.
10. Je sais que tu adores manger (du poisson – du parasol) : ____________ ________.
11. (La barque – la chaise – longue) _____________ flotte sur l'eau.
12. J'aime beaucoup (plonger – bronzer) ___________________ du haut des rochers.
13. (Le parasol – le poisson) ________________ se plante dans le sable sur la plage.
14. Je vois (la bouée – le poulpe) _______________ flotter sur l'eau.

Mémo

Les vacances

La natation

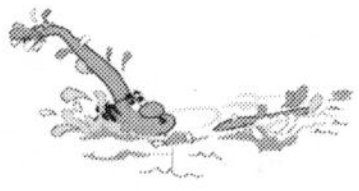

Le dos crawlé

La brasse papillon

Le crawl

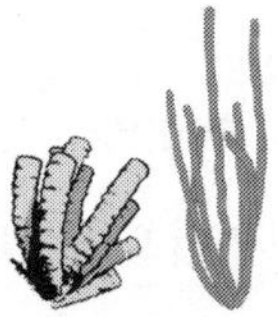

Les algues

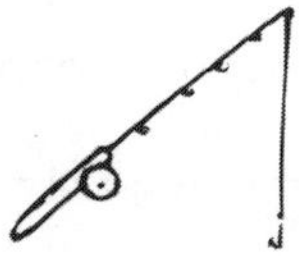

La canne à pêche

L'épuisette

Le pédalo

Le sable

La casquette

La visière

Le coup de soleil

Le drapeau

Les vagues

Les lunettes de soleil

L'ombre

Les palmes

Le tuba, le masque

2. Compléter **les voyelles manquantes** pour retrouver des éléments ayant tous un rapport avec la mer :

M		T		L		S
P		R		S		L
P		I	S	S		N
V	O		L			R
D			P	H		N
Z		D			C	
B	A	T				
R		Q	U		N	
P			L	P		
M		D		S		
S		B	L			
B		U		É		
	L	G		E		
C	R		B			

3. Classer en 2 colonnes ce qui est **dans ou sur l'eau** et **ce qui est sur le sable :**

Le parasol – la casquette – le tuba – les vagues – le pédalo – Le drapeau – le masque – les algues – dauphin – le poisson – Le matelas – le voilier – le zodiac.

Dans l'eau, sur l'eau	Sur le sable

Mémo

Les vacances

Au ski

Les skis

Les bâtons

Les chaussures de ski

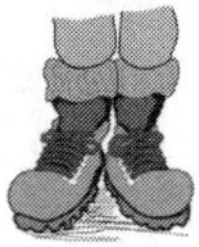

Les après-skis

Le tire-fesses Le remonte-pentes

Le télésiège

Le chalet

L'avalanche

Les raquettes

Le tourisme

Le monument

Le musée

Le château

La tour

Le billet

Le guide

Le plan

L'interprète

4. Répondre par **vrai ou faux :**

1. Le guide peut être à la fois un homme et un livre.
2. Le plan peut être à la fois un homme et un livre.
3. L'interprète nous renseigne sur les horaires.
4. Le musée se visite principalement la nuit.
5. Le château contient le plan de la ville.
6. Le billet permet de voyager.
7. L'interprète sert à traduire une langue étrangère.
8. Il est interdit de visiter le château avec un guide.

	1	2	3	4	5	6	7	8
Vrai								
Faux								

5. Suivez le bon fil. **Que cherche le skieur ?**

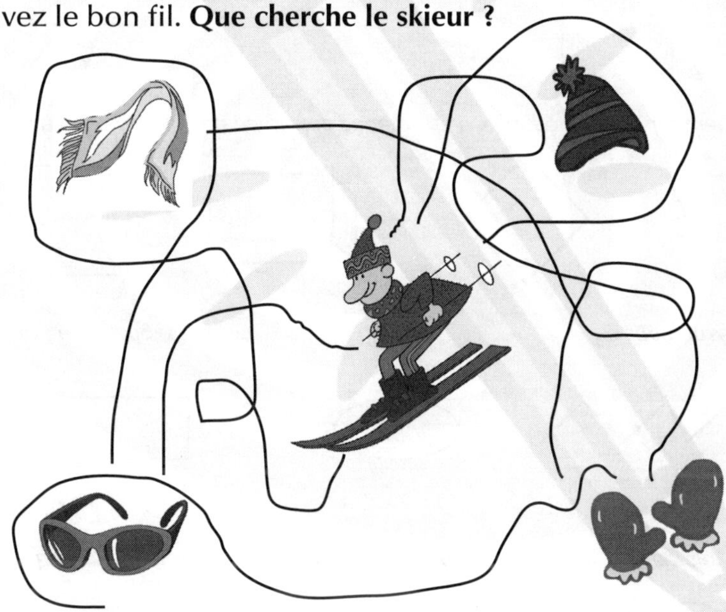

.22.
Les formes

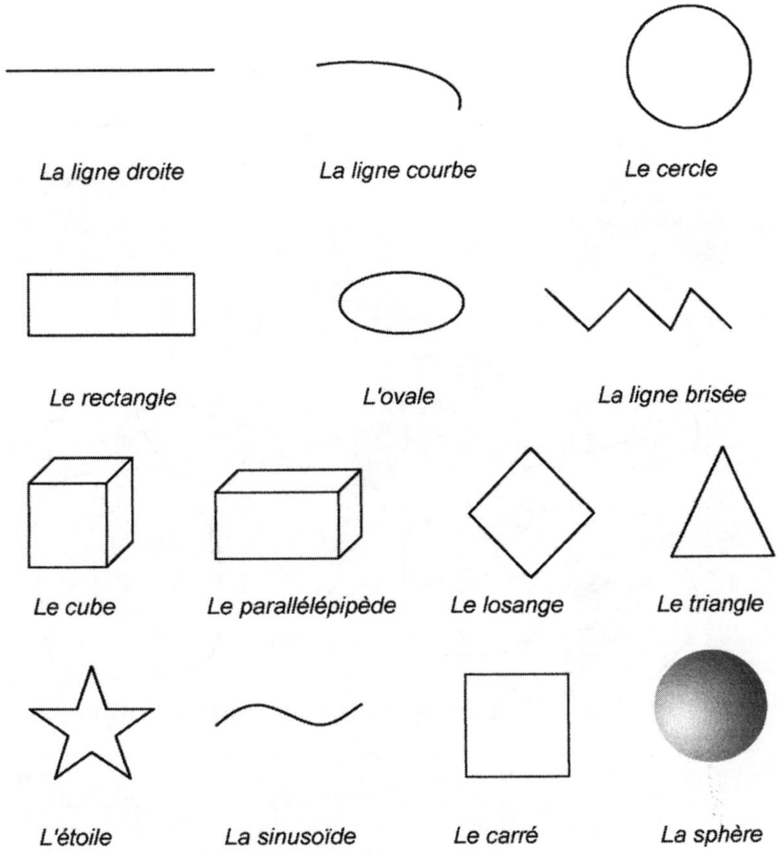

1. Relier **les objets en rapport avec la forme** et retrouver le numéro correspondant :

1

2

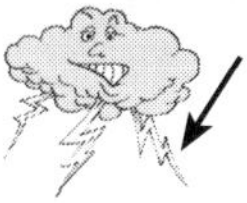

3

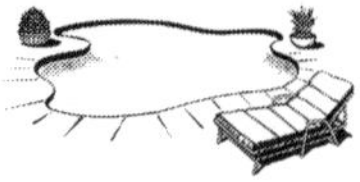

4

5

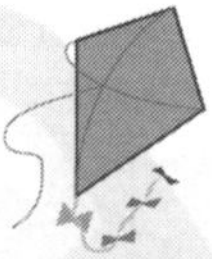

6

7

8

9

10

11

12

13

14

1	**Le ballon de foot**	**cercle**
2		
3		
4		
5		
6		
7	**Le cerceau**	
8		
9		**sphère**
10		
11		
12		
13	**La pyramide**	
14		

.23.
Le temps, la météo

Noms

L'arc-en-ciel

Le brouillard

L'éclair

L'étoile

Le flocon de neige

La neige

La pluie

La goutte de pluie

Le nuage

Le soleil

La stalagmite

La stalactite

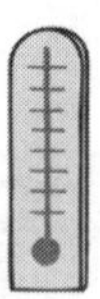

Le thermomètre

Le tourbillon

Le vent

Le verglas

Les vents

Le blizzard : *vent très froid*
La brise : *petit vent léger*
Le mistral : *vent violent, froid venant de la vallée du Rhône*
Le sirocco : *vent sec et très chaud*

1. Retrouver **le temps qu'il fait** d'après les dessins :

1

2

3

4

5

6

7

8

9

Il pleut n° ____________

Il y a du vent n° ____________

Il neige n° ____________

Il y a du brouillard n° ____________

Il y a un arc-en-ciel n° ____________

Il fait beau n° ____________

Le temps est nuageux n° ____________

Il y a de l'orage n° ____________

Il fait chaud n° ____________

Mémo

Le temps, la météo

Adjectifs

Beau # Mauvais, gris
Brumeux # Clair
Chaud # Froid
Glacé, gelé, frigorifié
Couvert # Dégagé
Humide # Sec

Verbes	Adjectifs
Avec la neige : neiger	nuageux
Avec la pluie : pleuvoir, tomber	pluvieux
Avec le soleil : briller	ensoleillé
Avec le vent : souffler	venté, venteux
Avec le tonnerre : tonner	orageux
Avec le givre : givrer	
Avec la foudre : foudroyer	

Proverbes

Après la pluie le beau temps
Qui sème le vent récolte la tempête
Le soleil brille pour tout le monde

Expressions

Être dans le **brouillard** : *ne pas voir clairement la situation*
Il y a un **brouillard** à couper au couteau : *un brouillard très épais*
Il fait un **froid** de canard : *très froid*
Être blanc comme **neige** : *être innocent*
Il y a de **l'orage** dans l'air : *il y a une tension qui laisse présager un éclat*
Pleuvoir à seaux : *pleuvoir très fort*
Faire la **pluie** et le **beau temps** : *être très influent*
Parler de la **pluie** et du **beau temps** : *parler de choses et d'autres*
Avoir **vent** de quelque chose : *en entendre parler*
Dans le **vent** : *à la mode*

2. Compléter les phrases en utilisant les mots qui sont mélangés :

lune	**nuit**	**étoiles**
pluie	**temps**	**ciel**
nuages	**soleil**	**vent**
	froid	

1. Le ___________ se lève. Il va faire beau ___________ .

2. Dans le ___________ je vois les ___________ et la ___________ .

3. La ___________ tombe vite en hiver.

4. Le ciel est couvert de ___________ La ___________ ne va pas tarder.

5. Nous sommes en plein hiver. Il fait très ___________ .

6. Il faut bien se couvrir : il fait froid et il y a un ___________ violent qui souffle.

Mémo

.24.
Géographie (le relief)

Le globe terrestre

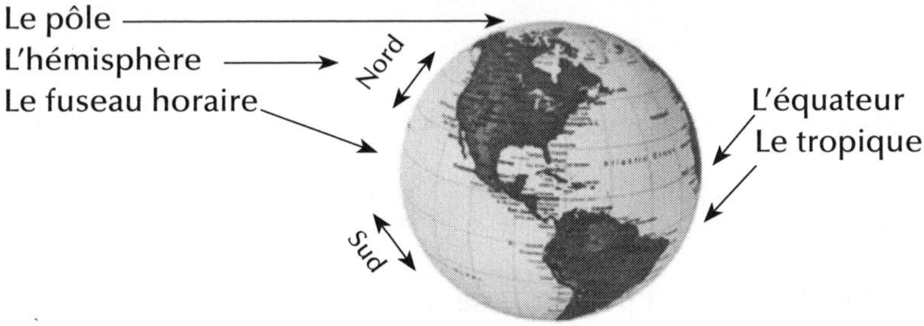

L'éruption volcanique

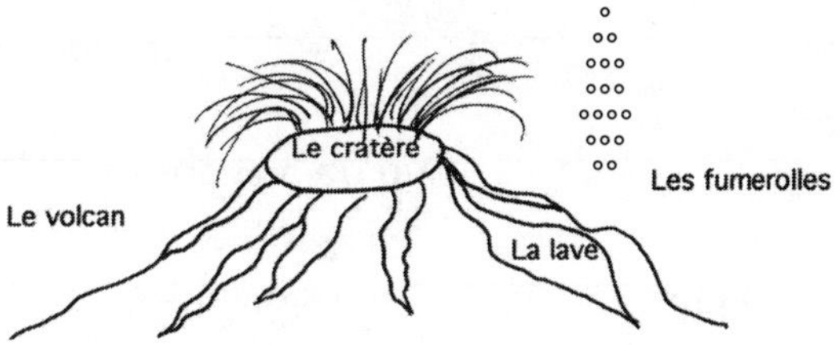

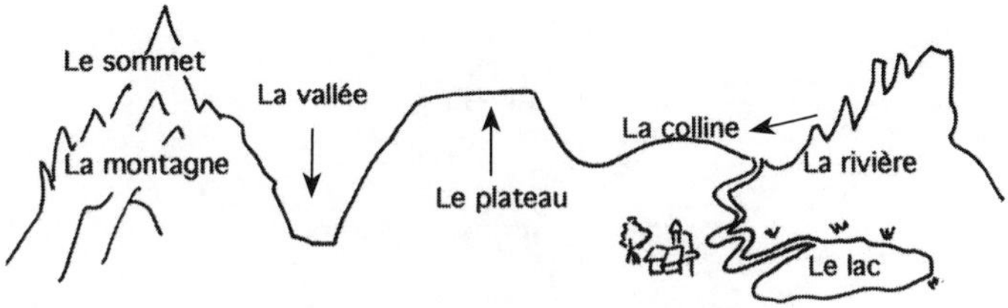

1. Retrouver les mots d'après les définitions suivantes :

1. Étendue de sable ou de galets au bord de la mer : ____________

2. Cours d'eau de faible ou moyenne importance : ____________

3. Escarpement littoral abrupt dû à l'action érosive de la mer : ________

4. Magma en fusion émis par un volcan et qui en se refroidissant se solidifie pour former une roche volcanique : ____________

5. Grande étendue d'eau intérieure généralement douce : ____________

6. Zone d'accumulation alluviale à l'embouchure d'un cours d'eau : ________________

7. Dépression arrondie située au sommet du volcan d'où s'échappe la lave lors des éruptions : ____________

8. Chacune des 24 divisions imaginaires de la surface de la terre dont tous les points ont la même heure légale : ____________

9. Étendue de terre entourée d'eau : ____________

10. Cercle de la sphère terrestre dont le plan est perpendiculaire à la ligne des pôles et à égale distance de ceux-ci : ____________

11. Dépression entre deux montagnes : ____________

12. Étendue de terrain relativement plane pouvant être située à des altitudes variées :____________

13. Il existe celui du Cancer et du Capricorne : ____________

Expression

Les petits ruisseaux font les grandes rivières

Mémo

.25.
Les prénoms et les diminutifs

Le plus souvent le diminutif des prénoms se résume à la première syllabe, parfois redoublée. Il faut noter que certains diminutifs « rallongent » le nom.
Pour les prénoms doubles, on utilise généralement l'initiale de chaque prénom.

Albert	Bébert
Alexandre	Alex
Alfred	Frédo
André	Dédé
Antoine	Tony, Toine
Benjamin	Benja, Ben
Bernard	Nanard
Charles	Charly
Christian	Cri-Cri
Christophe	Chris, Cri-cri
Dominique	Domi
Emmanuel	Manu
Fabrice	Fab
Florian	Flo, Flo-flo
François	Fanfan
Frédéric	Fred, Freddy, Frédo
Gabriel	Gaby
Georges	Jo
Gérard	Dgé, Gégé
Grégory	Greg
Henri	Riri
Gilles	Gilou
Jacques	Jacou, jacky, jacquot
Jean	Jeannot, Jeanjean
Jean-Baptiste	J.-B.
Jean-Bernard	J.-B.

Jean-François	J.-F.
Jean-Marie	J.-M.
Jean-Pierre	J.-P.
Ludovic	Ludo
Marc	Marco
Maurice	Momo
Maxime	Max, Maxou
Michel	Mimi, Michou
Nicolas	Nico, colas
Olivier	Olive
Patrice	Pat, Patou
Patrick	Pat, Patou
Paul	Paulo, Popaul
Philippe	Phil, Philou
Pierre	Pierrot
Raphaël	Raph
Robert	Roro
Rodolphe	Roro
Roger	Roro
Sébastien	Seb, Seba
Stanislas	Stan
Stéphane	Steph
Théodore	Théo
Thierry	Titi
Vladimir	Vlad

1. Retrouver le **prénom** de ces chefs d'État français ou étrangers :

1. ____________ Mitterand
2. ____________ de Gaulle
3. ____________ Washington
4. ____________ Roosevelt
5. ____________ Pompidou
6. ____________ Chirac

2. Retrouver les **prénoms** correspondants :

1. ____________ Einschtein (savant)
2. ____________ Hitchcok (cinéaste)
3. ____________ de Saint Exupery (écrivain)
4. ____________ Moore (acteur)
5. ____________ Leconte (tennisman)
6. ____________ Pocquelin dit Molière
7. ____________ Aznavour (chanteur)
8. ____________ De Niro (acteur)
9. ____________ Hulot (présentateur TV)
10. ____________ PernoT (présentateur TV)
11. ____________ Valery (chanteur)
12. ____________ Lucchini (acteur)
13. ____________ Chevalier (chanteur)
14. ____________ Perret (chanteur)
15. ____________ Marielle (acteur)
16. ____________ Douillet (judoka)
17. ____________ Sarkozy (président)
18. ____________ Sebastien (présentateur)
19. ____________ Bruel (chanteur)
20. ____________ Brel (chanteur)
21. ____________ Depardieu (acteur)
22. ____________ Gabin (acteur)

Mémo

Les prénoms et les diminutifs

Prénoms féminins :

Alexandra	Alex
Andrée	Dédée
Béatrice	Béa
Brigitte	Bri bri
Catherine	Cathy
Christiane	Chris
Christine	Chris, Titine
Dominique	Domi, Domino
Emmanuelle	Manu
Élisabeth	Élise, Lise, Lisa
Élodée	Hello
Florence	Flo
Françoise	Fanfan
Frédérique	Fred
Jacqueline	Jackie
Josiane	Jo, Josy
Géraldine	Gégé
Isabelle	Isa
Madeleine	Mado
Marguerite	Margot
Martine	Titine
Michèle, Michelle	Mimi, Michou
Nicole	Nic, Nicky
Roseline	Rosy
Patricia	Pat
Sabrina	Sab
Stéphanie	Stéph
Valérie	Val
Véronique	Véro
Victoire	Vic

Pour les prénoms composés, on n'emploie pas les initiales comme pour les prénoms masculins mais plutôt le 2e prénom raccourci ou un seul prénom :

Anne-Sophie	Anne-So
Marie-Dominique	Marie-Do

3. Retrouver dans cette liste d'actrices ou de personnalités connues le prénom correspondant. En donner le diminutif féminin correspondant et leur métier si vous pouvez (c'est très souvent le même) :

1. ____________ Moreau (____________)
2. ____________ Deneuve (____________)
3. ____________ Beart (____________)
4. ____________ Balasko (____________)
5. ____________ Lemercier (____________)
6. ____________ Sanson (____________)
7. ____________ Morgan (____________)
8. ____________ Mailland (____________)
9. ____________ Dalle (____________)
10. ____________ Lamy(____________)
11. ____________ Vartan (____________)
12. ____________ Bardot (____________)

4. Reformer **9 prénoms** en utilisant les diverses syllabes :

PA VE RIE
RO TRI E
CIA QUE BELLE TI
NI LE VA SA REN BRI
LO DIE FLO CE
NE RI NA CHRIS
DE QUE I FRE SA

1. ____________ 2. ____________ 3. ____________ 4. ____________
5. ____________ 6. ____________ 7. ____________ 8. ____________
9. ____________

Mémo

.26.
Les onomatopées

On appelle **Onomatopée** un mot qui a été créé pour imiter phonétiquement un bruit que l'on veut reproduire.
Il y a des onomatopées pour certains **cris d'animaux** :

Miaou pour le chat
Hi han pour l'âne
Cot cot pour la poule
Coin coin pour le canard
Cui cui pour un oiseau
Piou piou pour le poussin
Bêêê Bêêê pour une chèvre
Cocorico pour le coq
Meuh pour la vache
Ouaf ou **Waouf** pour un chien

D'autres pour représenter des bruits

PLOUF : quelque chose qui tombe à l'eau

SPLASH : quelque chose qui tombe à l'eau et qui éclabousse

FLOC pour une goutte d'eau

BOUM : une explosion

ZZZZZ pour indiquer que quelqu'un dort

BRRRR ou **GLA GLA** pour quelqu'un qui a froid

DING DONG pour une cloche

DRING pour une sonnerie

TOC TOC si l'on frappe à une porte

TIC TAC pour un réveil ou une montre

VROOUM pour le démarrage rapide d'une voiture

POUET- POUET pour un klaxon de voiture

TCHOU TCHOU ou **TEUF TEUF** pour un train

ATCHOUM : quelqu'un qui éternue

SNIF : quelqu'un qui renifle ou qui pleure

MIAM MIAM pour quelque chose de bon que l'on mange

GLOU GLOU lorsque l'on boit

BANG ou **PAN** : un coup de feu

CRAC : une branche qui se casse

BZZZZZZ : un insecte qui vole (mouche, moustique, abeille)

RON RON : le ronronnement du chat

YOUPI : le cri de joie

1. Retrouver d'après les dessins **les bruits** correspondants :

1. ______________

2. ______________

3. ______________

4. ______________

5. ______________

6. ______________

2. Retrouver les animaux qui correspondent aux cris.

Miaou – Waouf – Cocorico – Meuh – Piou Piou – Coin Coin – Bêê Bêê – Cot Cot – Hi Han.

Le coq fait ______________

La poule fait ______________

Le chien fait ______________

Le chat fait ______________

La brebis fait ______________

Le poussin fait ______________

Le canard fait ______________

La vache fait ______________

L'âne fait ______________

Mémo

.27.
Les sigles (ou abréviations)

Éducation

Bac : Baccalauréat (se passe à la fin des études secondaires vers l'âge de 18 ans)

Brevet : Le Brevet des collèges (se passe à la fin de la 3e, vers l'âge de 16 ans). Anciennement BEPC. Ce diplôme n'est pas obligatoire pour continuer les études en lycée

À l'université : le sigle **LMD**

L1, L2, L3 correspondent aux 3 années nécessaires pour obtenir une licence. Il y a quelques années le **DEUG** (diplôme de l'enseignement supérieur) représentait le fin de premier cycle = L2

M1, M2 : le M1 correspond à l'ancienne maîtrise tandis que le M2 représente l'ancien **DESS** (diplôme de l'enseignement supérieur) qui se passait 2 ans après la licence

D1, D2, D3 représentent les 3 années nécessaires pour obtenir un doctorat

Politique

FN : Front national (Droite)
UMP : Union de la majorité présidentielle (Droite)
PS : Parti socialiste (Gauche)
PC : Parti communiste (Gauche)

Football

OL : Olympique Lyonnais
OM : Olympique de Marseille
PSG : Paris Saint-Germain
ASSE : Association Sportive Saint Étienne

Divers

AG : Assemblée générale
ANPE : Agence nationale pour l'emploi
BD : Bande dessinée
CCP : Compte chèque postal
CNRS : Centre national de la Recherche scientifique
CREPS : Centre régional d'éducation physique et sportive *(Centre d'entraînement pour athlètes de haut niveau)*

CRS : Compagnie républicaine de sécurité *(police)*
DDE : Direction de l'équipement
EDF : Électricité de France
FLE : Français langue étrangère
GDF : Gaz de France
HLM : Habitation à loyer modéré
PJ : Police Judiciaire
PMU : Pari mutuel urbain *(courses hippiques)*
PTT : Poste, télégraphe, téléphone *(actuellement « La Poste »)*
RAS : Rien à signaler
RATP : Régie autonome des transports parisiens *(le métro)*
RIB : Le relevé d'identité bancaire
RG : Les renseignements généraux
RMC : Radio Monte Carlo
RTL : Radio télé Luxembourg
RU : le Restaurant Universitaire *(à la faculté)*
SNCF : Société Nationale des chemins de fer français
SS : la Sécurité Sociale
TTC : Toutes taxes comprises
TVA : Taxe sur la valeur ajoutée
WC : Les toilettes

Mémo

.28.
Mémento sur la France

Superficie : 551 500 km^2

Population : 63 000 000 d'habitants

Capitale : Paris

Principales villes : Marseille, Lyon, Bordeaux, Lille

Régime politique : démocratie parlementaire

Président de la République : Nicolas Sarkozy *(depuis 2007)*

Géographie :

La France est divisée en 22 **régions** et 95 **départements** sans compter les départements d'outremer

Les montagnes : les Alpes, les Pyrénées, le Jura, les Vosges, le Massif Central…

Le plus haut sommet : le Mont Blanc (4808 m)

Les fleuves : la Seine, la Loire, le Rhône, la Garonne, la Moselle…

Les îles : la Corse (8 620 km^2), Oléron (175 km^2) Belle-Île (90 km^2), Ré (85 km^2)…

Les climats : océanique, continental, méditerranéen

Expression

Impossible n'est pas français.

ROYAUME-UNI
BELGIQUE
ALLEMAGNE
LUXEMBOURG
SUISSE
ITALIE
MONACO
ANDORRE
ESPAGNE
NORD-PAS-DE-CALAIS
62
59
PICARDIE
80
02
60
HAUTE-NORMANDIE
76
27
BASSE-NORMANDIE
50
14
61
BRETAGNE
29
22
56
35
ILE-DE-FRANCE
95
78
92
75
93
94
77
91
CHAMPAGNE-ARDENNE
08
51
10
52
LORRAINE
55
57
54
88
ALSACE
67
68
PAYS DE LA LOIRE
53
72
44
49
85
CENTRE
28
45
41
37
18
36
BOURGOGNE
89
21
58
71
FRANCHE-COMTE
70
90
25
39
POITOU-CHARENTES
79
86
17
16
LIMOUSIN
87
23
19
AUVERGNE
03
63
15
43
RHÔNE-ALPES
42
69
01
74
73
38
26
07
AQUITAINE
24
33
47
40
64
MIDI-PYRÉNÉES
46
12
82
32
81
31
65
09
LANGUEDOC-ROUSSILLON
48
30
34
11
66
PROVENCE-ALPES-COTE D'AZUR
05
04
84
06
13
83
CORSE
2B
2A
0
100 km

Mémento sur la France

Les départements :

Le numéro qui précède chaque département sert pour les plaques minéralogiques.

01. Ain
02. Aisne
03. Allier
04. Alpes-de-Haute-Provence
05. Hautes-Alpes
06. Alpes-Maritimes
07. Ardèche
08. Ardennes
09. Ariège
10. Aube
11. Aude
12. Aveyron
13. Bouches-du-Rhône
14. Calvados
15. Cantal
16. Charente
17. Charente-Maritime
18. Cher
19. Corrèze
2 A. Corse du Sud
2 B. Haute Corse
21. Côte d'Or
22. Côtes d'Armor
23. Creuse
24. Dordogne
25. Doubs
26. Drôme
27. Eure
28. Eure-et-Loir
29. Finistère
30. Gard
31. Haute-Garonne
32. Gers
33. Gironde
34. Hérault
35. Île-et-Vilaine
36. Indre
37. Indre-et-Loire
38. Isère
39. Jura
40. Landes
41. Loir-et-Cher
42. Loire
43. Haute-Loire
44. Loire-Atlantique
45. Loiret
46. Lot
47. Lot-et-Garonne
48. Lozère
49. Maine-et-Loire
50. Manche
51. Marne
52. Haute-Marne
53. Mayenne
54. Meurthe-et-Moselle
55. Meuse
56. Morbihan
57. Moselle
58. Nièvre
59. Nord
60. Oise
61. Orne
62. Pas-de-Calais
63. Puy de Dôme
64. Pyrénées-Atlantiques
65. Hautes-Pyrénées
66. Pyrénées-Orientales

67. Bas-Rhin
68. Haut-Rhin
69. Rhône
70. Haute-Saône
71. Saône-et-Loire
72. Sarthe
73. Savoie
74. Haute-Savoie
75. Paris
76. Seine-maritime
77. Seine-et-Marne
78. Yvelines
79. Deux-Sèvres
80. Somme
81. Tarn
82. Tarn-et-Garonne
83. Var
84. Vaucluse
85. Vendée
86. Vienne
87. Haute-Vienne
88. Vosges
89. Yonne
90. Territoire de Belfort
91. Essonne
93. Seine-Saint-Denis
94. Val-de-Marne
95. Val-d'Oise

D.O.M.

971. Guadeloupe
972. Martinique
973. Guyane
974. La Réunion
975. Saint-Pierre-et-Miquelon
976. Mayotte

T.O.M :

984. Terres Australes et Antartiques
986. Wallis et Futuna
987. Polynésie Française
988. Nouvelle-Calédonie

Régions

Alsace
Aquitaine
Auvergne
Basse-Normandie
Bourgogne
Bretagne
Centre
Champagne Ardennes
Corse
Franche-Comté
Haute-Normandie
Ile-de-France
Languedoc-Roussillon
Limousin
Lorraine
Midi-Pyrénées
Nord-Pas-de-Calais
Pays de Loire
Picardie
Poitou-Charentes
Provence- Alpes- Côte d'Azur (PACA)
Rhône-Alpes

Mémo

.29.
Les traditions

Pâques :

En France, la tradition veut que les cloches qui sonnent chaque jour tout au long de l'année se taisent entre le jeudi et le samedi Saint car elles sont parties pour Rome pour se faire bénir. Elles reviennent le dimanche de Pâques rapportant avec elles des œufs, lapins, poules ou « petite friture » qu'elles laissent tomber dans les jardins en survolant la France. Les enfants le jour de Pâques cherchent ces œufs en chocolat. On dit à cette occasion : « JOYEUSES PÂQUES ».

Le 1er Avril :

Il est d'usage d'accrocher un poisson dans le dos des gens sans qu'ils s'en aperçoivent. Lorsqu'ils s'en rendent compte on leur dit « POISSON D'AVRIL ».

Le 1er Mai :

C'est le jour de la Fête du travail. On ne travaille pas ce jour-là et c'est la coutume d'offrir un brin de muguet pour porter bonheur.

Le 14 juillet :

C'est le jour de Fête nationale, jour férié également. Dans la soirée il y a un feu d'artifice et un grand bal populaire le plus souvent en plein air.

Le 1er Novembre :

Le jour de la Toussaint, souvent confondu avec le jour des défunts. Il est d'usage d'aller fleurir les tombes au cimetière.

Le 24 décembre :

Le soir de la Noël, les enfants déposent leurs souliers au pied du sapin de Noël et les adultes se rendent à la messe de minuit. Au petit matin les enfants découvrent les cadeaux que le Père Noël leur a apportés. À cette occasion on se souhaite un « **Joyeux Noël** ». Le lendemain 25 à midi la famille se réunit pour le repas de la Noël.

Le 31 décembre :

C'est la Saint Sylvestre et les gens sortent réveillonner entre amis. On boit du champagne et l'on se présente les meilleurs vœux en se souhaitant une « **Bonne et heureuse année** ».

.30.
Mémento sur l'Europe

L'Union européenne, composée de 12 États-membres entre en vigueur le 1er novembre 1993 avec le Traité de Maastrich. Le nombre d'États s'accroit passant de 25 en mai 2004 à 27 en janvier 2007. Sa devise est « In varietate concordia » (Unie dans la diversité). Hymne : « Ôde à la joie » de Beethoven. L'Union monétaire entre en vigueur le 1er janvier 1999 avec l'**euro** (€).

Mémo

Les 27 États membres de L'Union européenne

Allemagne	Italie
Autriche	Lettonie
Belgique	Lituanie
Bulgarie	Luxembourg
Chypre	Malte
Danemark	Pays-Bas
Espagne	Pologne
Estonie	Portugal
Finlande	Roumanie
France	Royaume-Uni
Grèce	Slovaquie
Hongrie	Slovénie
Irlande	Suède
	République tchèque

1. Les formules de politesse

Page 7

1. Retrouver **les formules de politesse** qui correspondent aux phrases énoncées ou aux dessins : 1. À vos souhaits. 2. Bon anniversaire. 3. Joyeux Noël. 4. Bonsoir. 5. Bon appétit. 6. Bonne et heureuse année. 7. Quelle heure est-il ?

2. Jours, mois, saisons

Page 9

1. Retrouver les **jours de la semaine** :

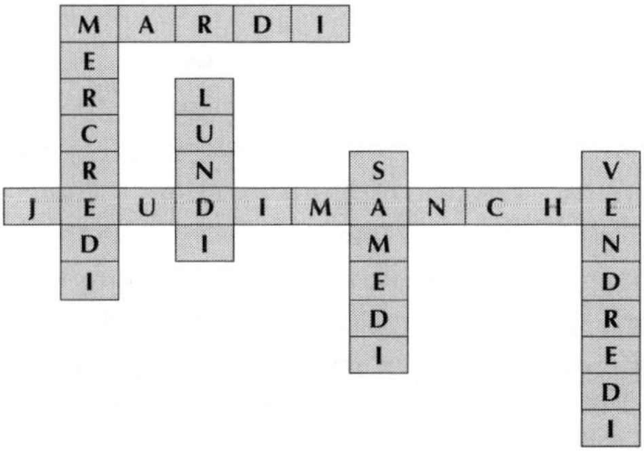

2. Retrouver 13 mots dans ces mots mélangés : 4 jours et 10 mois (dont 1 cité 2 fois)
Horizontalement : 1. Novembre, 2. Janvier, 8. Août.
Verticalement : 1. Décembre, 2. Octobre, 3. Lundi ← Mai, 4. Mardi ←, 5. Juin, 6. Été, 7. Samedi, 8. Jeudi, 9. Septembre.
Il reste : N V O E E M B R = NOVEMBRE

Page 11

3. Retrouver **des unités de temps.** Il faut chercher uniquement verticalement.

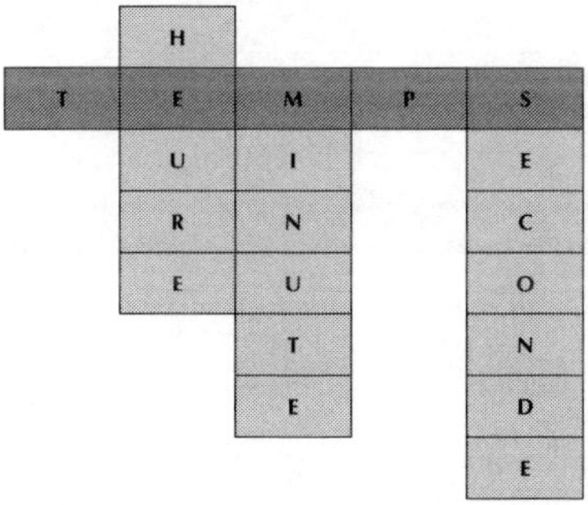

4. Retrouver **2 saisons et 4 mois**. Il faut chercher uniquement verticalement.

M				A	
A		P		U	
R		R		T	
S	A	I	S	O	N
	V	N	E	M	O
	R	T	P	N	V
	I	E	T	E	E
	L	M	E		M
		P	M		B
		S	B		R
			R		E
			E		

5. Remettre les mots suivants dans un **ordre décroissant de durée** :
L'année, le semestre, le trimestre, le mois, la quinzaine, la semaine, le jour, l'heure, la minute, la seconde.

Page 13

6. **Retrouver l'intrus** et expliquer pourquoi :
1. Mardi – **Novembre** – Jeudi – Lundi (un mois). 2. Jeudi – Lundi – **Dimanche** – Vendredi (jour férié). 3. Été – Printemps – Hiver – **Mercredi** (un jour). 4. **Mardi** – Janvier – Mars – Juin (un jour). 5. **Janvier** – Juillet – Juin – Mai (mois d'hiver). 6. Heure – **Jeudi** – Minute – Seconde (un jour). 7. Décembre – **Automne** – Octobre – Novembre (une saison). 8. Mois – Année – Semaine – **Mercredi** (un jour). 9. Mai – **Minute** – Juillet – Octobre (unité de temps). 10. Hiver – **Janvier** – Été – Automne (un mois). 12. Janvier – Février – **Novembre** – Mars (mois de fin d'année). 13. Quinzaine – Semaine – Trimestre – **Mai** (un mois). 14. Printemps – Été – **Semaine** – Hiver (unité de temps).

7. **Relier les noms et les adjectifs** qui leur correspondent :
Printanier à printemps. Hivernal à hiver. Quotidien à jour. Hebdomadaire à semaine. Mois à mensuel. Automnal à automne.

8. Remettre les noms suivants dans **l'ordre chronologique** d'une journée.
Aube, aurore, matin, midi, après-midi, coucher du soleil, crépuscule, nuit.

3. Les couleurs

Page 15

1. Retrouver **des couleurs** en remplaçant les vides par **des voyelles.**

V	I	O	L	E	T
M	A	R	R	O	N
O	R	A	N	G	E
J	A	U	N	E	
R	O	U	G	E	
B	L	A	N	C	
N	O	I	R		
B	L	E	U		
R	O	S	E		
V	E	R	T		
G	R	I	S		

2. Retrouver **7 COULEURS**. Il faut chercher uniquement verticalement.

B							
L					B		
A		R			L	V	R
N		O	B	B	E	E	O
C	O	U	L	E	U	R	S
	R	G	A	I		T	E
	A	E	N	G			
	N		C	E			
	G						
	E						

Page 17

3. Retrouver le nom **des couleurs** en remplaçant les vides par **des consonnes.** Toutes ces couleurs proviennent de choses à qui elles doivent leur nom.

T	U	R	Q	U	O	I	S	E
M	O	U	T	A	R	D	E	
S	A	U	M	O	N			
L	I	L	A	S				
M	A	U	V	E				
P	R	U	N	E				
C	A	F	E					
R	O	S	E					

4. Retrouver les **noms de couleurs** en remettant les lettres à la bonne place :
LBCNA : **blanc**. EGUOR : **rouge**. TRVE : vert. AUENJ : **jaune**. UEBL : **bleu**. RNIO : **noir**. RMRNOA : **marron**. ISGR : **gris.**

5. Remetter les **couleurs** à la bonne place :
1. Le ciel est **bleu.** 2. Le bonhomme de neige est **blanc.** 3. Le charbon est **noir.** 4. L'arbre est **vert**. 5. Les nuages sont **gris**. 6. La tomate est **rouge**. 7. La terre est **marron**. 8. Le soleil est **jaune.**

4. Les chiffres, l'heure

Page 19

1. Retrouver **15 chiffres** dans cette grille.
Horizontalement : 1. Quatre. 3. Trois. 4. Dix. 5. Sept. 6. Neuf ← 7. Onze. 8. Quinze.
Verticalement : 1. Cinq ← Deux. 2. Un – Huit ← 4. Trois. 5. Six. 7. Huit – Un ←.

2. Faire les **opérations suivantes** et compléter les lettres manquantes :
3 + 2 = Cinq. 6 + 3 = Neuf. 1 + 9 = Dix. 7 + 1 = Huit. 4 + 8 = Douze. 9 – 2 = Sept. 7 - 5 = Deux. 2 + 1 = Trois. 10 – 6 = Quatre. 3 + 4 = Sept. 7 + 4 = Onze. 6 + 2 = Huit. 22 – 7 = Quinze. 14 + 2 = Seize. 8 + 3 = Onze. 17 + 3 = Vingt. 16 – 4 = Douze. 40 – 10 = Trente. 51 + 9 = Soixante. 25 + 15 = Quarante. 53 – 3 = Cinquante. 98 + 2 = Cent. 39 + 1 = Quarante. 45 – 35 = Dix.

Page 21

3. **Retrouver l'heure** d'après les dessins ci-dessous :
1. 9h. 2. midi (ou minuit). 3. 13h45. 4. 16h05 (ou 4h05). 5. 11h50.

4. **Trouver la bonne réponse :**
1. Je prends le goûter à 17h20. 2. Je me lève à 7h. 3. Je rentre à la maison à 17h10. 4. Je me couche à 22h. 5. Je regarde la télévision jusqu'à 21h30. 6. Je prends ma douche à 7h10. 7. Je pars à l'école à 7h45. 8. Je déjeune à 12h30. 9. Les cours commencent à 8h. 10. Je sors de l'école à 17h. 11. Je dîne à 20h. 12. L'après-midi. les cours recommencent à 14h. 13. Je prends mon petit-déjeuner à 7h30. 14. Mais le dimanche je fais la grasse matinée jusqu'à 11h.

5. Les vêtements

Page 23

1. Retrouver les noms en remettant **les lettres dans le bon ordre** et en rajoutant l'article correspondant :
1. L – E – G – T – I : Le gilet. 2. L – B – O – N – U – O – S : Le blouson. 3. E – P – J – U : La jupe. 4. C – S – T – E – M – O – U : Le costume. 5. N – O – L – T – A – A – P – N : Le pantalon. 6. I – E – P – R – E – A – B – M – M – L – E : L'imperméable. 7. K – A – R – O – A – N : L'anorak. 8. U – L – P – L : Le pull. 9. E – E – I – T – S – H – T – R : Le tee-shirt. 10. M – A – T – N – U – A – E : Le manteau.

2. Retrouver dans cette grille **11 mots** se rapportant aux vêtements : avec les **lettres restantes** retrouver **2 mots** déjà dans la grille.
Horizontal : 1. Manteau ← 2. Costume ← 3. Jupe. 8. Anorak. 9. Chemise ←
Vertical : 1. Pantalon. 2. Gilet ← 3. Pyjama 4. Pull 6. Jupe 7. Veste ←
Il reste : Y – P – J – A – M – A – V – S – E – E – T et l'on peut former **VESTE** et **PYJAMA.**

Page 25

3. Retrouver le nom des **objets dessinés** :
1. Le pantalon. 2. Le gilet, 3. Le manteau. 4. Le blouson. 5. La chemise. 6. La jupe. 7. Le pull. 8. La veste. 9. Le survêtement. 10. Le maillot de bain. 11. La robe du soir. 12. Le col roulé.

4. Donner **le contraire :**
1. La jupe : le pantalon. 2 – Court : long. 3. Ample : étroit ou serré. 4. Neuf : vieux ou usagé. 5. Sale : propre.

Page 27

5. **Retrouver** d'après les **dessins** :
1. La ceinture. 2. Le nœud papillon. 3. Le parapluie. 4. Le col. 5. Le bonnet. 6. Les gants. 7. Le foulard. 8. Les lunettes. 9. La culotte. 10. Le sac à main. 11. Les moufles. 12. Les bretelles. 13. Les bas. 14. Le béret. 15. Le chapeau. 16. La cravate.

6. **Compléter** les phrases :
1. Il fait très froid, je vais mettre des **gants** ou des **moufles** pour protéger mes mains.
2. Il pleut. N'oublie pas de prendre ton **parapluie** avant de sortir.
3. Tu vas mettre ta cravate ou ton **nœud papillon** ?
4. Je suis enrhumé. Je vais avoir besoin d'un **bonnet** (ou d'un **chapeau**) pour me couvrir la tête et ne pas avoir trop froid.
5. Je n'y vois pas très bien. Passe-moi mes **lunettes**.

Page 29

7. Trouver l'**intrus** :
1. Robe de chambre, Peignoir, Pantoufle, **Chapeau.** 2. Casquette, Bonnet, Chapeau, **Robe**. 3. Tongs, **Ceinture**, Sandales, Bottes. 4. Blouson, Imperméable, **Mouchoir**, Veste 5. **Chemise**, Collant, Chaussette, Bas. 6. Col roulé, **Pantalon**, Chemise, Pull. 7. String, Caleçon, **Col**, Slip. 8. Tennis, **Chapeau**, Tongs, Bottes.

8. Retrouver le nom des **chaussures** en complétant les **voyelles** manquantes :

S	A	N	D	A	L	E	S
B	A	S	K	E	T	S	
T	E	N	N	I	S		
B	O	T	T	E	S		
S	A	B	O	T	S		
T	O	N	G	S			

9. Retrouver le nom des **chaussures** d'après les **dessins** :
1. Bottes. 2. Tongs. 3. Tennis. 4. Chaussons de danse. 5. Baskets. 6. Chaussons.

6. La maison

Page 31

1. Retrouver dans ces mots mélangés **5 verbes et 11 substantifs**. Avec les lettres restantes retrouver 3 autres verbes.

Vertical : 1. Loft. 2. Meuble. 3. Villa. 6. Entrer. 7. Étage. 8. Loft. 9. Maison. 10. Sonner ← 11. Garage.

Horizontal : 1. Chalet ← 2. Gratte-ciel ← 8. Acheter. 9. Kitchenette. ← 10. Copropriété. 11. Fermer – Ouvrir ←

Il reste : D E M E N A E G R E N T E R R A C R E H M T

DÉMÉNAGER – ENTRER – ACHETER

Page 33

2. Remettre **les lettres dans le bon ordre :**

1. La A E O E C S R L S : **la casserole.**
2. L'R V I E E : **l'évier.**
3. Le R F O U : **le four.**
4. La P S S R A E I O : **la passoire.**
5. Le R F G E I T U E R R E A R : **le réfrigérateur.**
6. La O E E L P : **la poêle.**
7. La C S N R I U I I E E : **la cuisinière.**

3. Répondre par **vrai ou faux :**

1. Le micro-ondes sert à conserver les aliments : **Faux.** 2. Le four sert pour faire cuire les aliments : **Vrai.** 3. Le frigo ou le réfrigérateur servent à conserver les aliments au froid : **Vrai.** 4. La cuisinière sert pour cuire les aliments et elle est plus rapide que le micro-ondes : **Faux.** 5. La casserole sert pour mettre les aliments que l'on va faire cuire : **Vrai.** 6. Il faut mettre les aliments dans une assiette pour les manger à table : **Vrai.** 7. La cuisinière sert pour cuire les aliments et elle est moins rapide que le micro-ondes : **Vrai.** 8. Si l'on ne possède pas de lave-vaisselle. il faut mettre les assiettes et les couverts dans l'évier pour les laver : **Vrai.** 9. Pour faire des œufs au plat, j'utilise une poêle : **Vrai.** 10. La passoire sert à égoutter : **Vrai.** 11. Le presse-agrumes sert à préparer le café : **Faux.** 12. Le couvercle se met sous la casserole : **Faux.** 13. La cafetière sert à préparer les omelettes : **Faux.** 14. La passoire sert à réchauffer les aliments : **Faux.** 15. Le grille-pain sert à faire griller les tartines : **Vrai.**

Page 35

4. Retrouver **les mots d'après les dessins :**

1. Le lit. 2. La table de nuit. 3. Le matelas. 4. La couverture. 5. Le traversin. 6. L'oreiller. 7. La lampe de chevet. 8. La descente de lit.

5. Compléter la phrase :

1. Je prends **la cafetière** pour préparer le café. 2. Il fait froid. Je vais rajouter **une couverture** dans mon lit. 3. Sur le sol, de chaque côté de mon lit se trouvent deux **descentes de lit**. 4. La **lampe de chevet** est posée sur ma table de nuit pour m'éclairer. 5. Je vais faire une omelette dans la **poêle.** 6. Le matin j'utilise le **grille-pain** pour me faire des toasts. 7. Tous les aliments sont au frais dans le **réfrigérateur**. 8. Pour réchauffer le plat rapidement je me sers du **micro ondes**. 9. Pour éviter les éclaboussures je mets toujours un **couvercle** sur mes casseroles. 10. Pour faire mon jus d'orange, j'utilise toujours le **presse-agrumes**.

Page 37

6. Retrouver **12 noms** en remettant dans le bon ordre les syllabes suivantes :

1. Buffet. 2. Canapé. 3. Chaise. 4. Coussin. 5. Fauteuil. 6. Guéridon. 7. Lustre. 8. Paravent. 9. Table. 10. Rideaux. 11. Tapis. 12. Téléviseur.

7. Retrouver le **nom des objets** :

1. Chaise. 2. Rocking-chair. 3. Canapé. 4. Pouf.

Page 39

8. Relier les **substantifs** et les **verbes** entre eux (certains verbes peuvent servir plusieurs fois)

1. Lavabo **(laver)**. 2. Douche **(laver)**. 3. Baignoire **(laver)**. 4. Savon **(laver)**. 5. Gant de toilette **(laver)**. 6. Serviette de toilette **(sécher)**. 7. Peignoir **(sécher)**. 8. Armoire à pharmacie **(soigner)**. 9. Sèche cheveux **(sécher)**. 10. Peigne **(coiffer)**. 11. Brosse à cheveux **(coiffer)**. 12. Étagère **(ranger)**.

9. Ranger chaque **meuble** dans la **pièce** qui convient en rajoutant l'article :

Cuisine : La cuisinière. La poêle. Le frigo. La cafetière. La casserole.

Salle sejour : Le lustre. Le fauteuil.

Salle de bain : Le lavabo. La baignoire. La douche. Le sèche-cheveux.

Chambre : La table de nuit. Le matelas. L'oreiller. Le drap. Le lit.

7. La ville

Page 41

1. Reformer les mots en mettant les **lettres dans le bon ordre** et en supprimant la lettre qui est en trop :

1. C – U – S –N – A – H – E – S – E : **CHAUSSÉE**
2. N – O – C – A – B : **BANC**
3. A – E – I – I – T – V – R – N : **VITRINE**
4. R – T – E – U : **RUE**
5. R – V – M – O – E – I – U – T : **VOITURE**
6. E – E – D – S – I – G – L : **ÉGLISE**

7. T – O – S – S – A – U – B – U : **AUTOBUS**
8. O – E – I – A – A – L – M – D – P – R : **LAMPADAIRE**
9. T – T – T – O – O – R – R – I : **TROTTOIR**

2. **Reformer les mots** en retrouvant les syllabes qui se trouvent pêle-mêle dans le tableau.
Autobus. Chaussée. Passant. Voiture. Vitrine. Lampadaire.

Page 43

3. Trouver le **commerce** correspondant aux dessins :
1. La poissonnerie. 2. Le fleuriste. 3. La librairie. 4. Le boucher. 5. La pharmacie. 6. Le coiffeur. 7. La Poste. 8. La parfumerie.

8. La Nourriture

Page 45

1. Mettre dans une colonne **les légumes qui ont une couleur verte.**
Vert : L'artichaut. L'asperge. Le chou. Le haricot vert. Le petit pois. La salade. Le persil.
Pas vert : L'aubergine. La carotte. Le champignon. Le chou-fleur. La pomme de terre. L'ail. Le blé.

2. Ranger dans la bonne colonne selon que les **aliments se mangent** en général **cru ou cuit** (certains peuvent se ranger dans les 2 colonnes à la fois).
Cru : L'artichaut. La carotte. Le champignon. La salade. Les radis.
Cuit : L'artichaut. L'asperge. L'aubergine. La carotte. Le champignon. Le haricot vert. La pomme de terre. Le blé.

Page 47

3. **Retrouver le fruit** que donne l'arbre ou la plante :
L'amandier donne des **amandes**. L'oranger donne des **oranges**. Le figuier donne des **figues**. Le pêcher donne des **pêches**. Le poirier donne des **poires**. Le framboisier donne des **framboises**. Le citronnier donne des **citrons**. Le noyer donne des **noix**. Le fraisier donne des **fraises**. L'abricotier donne des **abricots**. Le noisetier donne des **noisettes**.

4. Compléter les cases en vous aidant des dessins :

F	R	A	M	B	O	I	S	E
P	A	S	T	E	Q	U	E	
N	O	I	S	E	T	T	E	
A	B	R	I	C	O	T		
A	M	A	N	D	E			
C	E	R	I	S	E			
R	A	I	S	I	N			
F	R	A	I	S	E			
P	O	I	R	E				
F	I	G	U	E				
P	E	C	H	E				
N	O	I	X					
K	I	W	I					

Page 49

5. Qui suis-je ?

1. Les lapins m'adorent : **les carottes.** 2. La laitue et la batavia sont deux de mes variétés : **la salade**. 3. On me prend toujours pour un légume que l'on peut manger cuit ou cru mais en réalité je suis un fruit : **la tomate.** 4. Je suis un fruit tout jaune et acide : **le citron.** 5. Moi, je suis toute ronde et orange : **l'orange.** 6. Je suis également un fruit très gros, vert à l'extérieur et toute rouge à l'intérieur et l'on me mange en été : **la pastèque.** 7. On trempe de petits morceaux de viande dans de l'huile bouillante : **la fondue bourguignonne**. 8. On a besoin de moi pour faire du vin. Je peux être blanc, rosé noir, muscat : **le raisin**. 9. Je suis à la base de la paella et l'on peut me rajouter de nombreux ingrédients : **le riz**. 10. Je suis marron à l'extérieur, je n'ai pas de noyau et je suis tout vert à l'intérieur : **le kiwi**.

6. Replacer les **lettres dans le bon** ordre pour retrouver des fruits et des légumes.

1. T – M – T – E – O – A : **LA TOMATE**
2. R – N – O – A – E – G : **L'ORANGE**
3. C – T – I – O – N – R : **LE CITRON**
4. E – O – M – P – M – : **LA POMME**
5. E – A – S – L – A – D : **LA SALADE**
6. E – E – C – P – H : **LA PÊCHE**
7. N – I – A – I – S – R : **LE RAISIN**
8. P – I – O – R – U – A – E : **LE POIREAU**
9. U – H – O – C : **LE CHOU**
10. E – S – I – R – C – E : **LA CERISE**

9. Les boissons

Page 51

1. Classer les boissons suivantes selon qu'elles comportent de **l'alcool ou non.**
Avec alcool : Le vin. Le champagne. Le cidre. La bière. Le pastis. Le rhum.
Sans alcool : Le café. Le thé. La limonade. Le lait. Le café au lait.

2. Classer les boissons qui se boivent **chaudes ou froides** (certaines peuvent aller dans les 2 colonnes).
Chaud : Le thé. Le café. Le lait. Le chocolat.
Froid : Le thé. Le café. Le lait. Le coca-cola. Le chocolat. La bière. La sangria. Le punch. Le champagne. L'eau-de-vie. Le panaché. Le pastis. L'eau gazeuse. Le cidre.

Page 53

3. Remetter les **syllabes dans l'ordre** pour trouver les boissons qui sont des infusions : Verveine. Thé. Tilleul.

4. Retrouver **17 boissons** dans ces mots mélangés. Avec les lettres restantes. vous pourrez en former une nouvelle qui est déjà dans le tableau.
Horizontal :1. café ← cidre.2. Sangria–eau ← 3. Limonade.4. Tilleul.5. Champagne ← 6. Chocolat ← 7. Pastis ← 8. Panache. 9. Tequila – vin ← 10. Eau-de-vie. Thé ←
Vertical : 2. Lait. 9. Café. 10. Verveine ←
Il reste : C – H – C – O – O – L – T – A – : **CHOCOLAT**

10. Au restaurant

Page 55

1. Répondre **par vrai ou faux :**
1. La fourchette sert à couper mes aliments : **Faux**. 2. Le fromage se mange en début de repas : **Faux**. 3. La viande et le poisson se mangent en même temps : **Faux**. 4. Les fruits se mangent à la fin du repas : **Vrai**. 5. Si un aliment est fade il faut rajouter du sel : **Vrai**. 6. Pour manger mon potage j'utilise une petite cuillère **Faux**. 7. La louche est une grosse cuillère : **Vrai**. 8. Le cuisinier sert à table : **Faux**. 9. Le plat est en général plus grand que l'assiette : **Vrai**. 10. On mange dans une assiette : **Vrai**. 11. Le couteau sert à couper : **Vrai**. 12. On demande l'addition au début du repas : **Faux**. 13. Le garçon prépare le repas en cuisine : **Faux**. 14. Le dessous-de-plat sert à protéger la table : **Vrai**. 15. Pour boire j'utilise une assiette : **Faux**. 16. La nappe sert à protéger l'assiette : **Faux**. 17. La louche sert à servir la soupe : **Vrai.**

2. Retrouver à l'aide de ces formes des **éléments indispensables dans un restaurant :**
1. Le couteau. 2. La cuillère. 3. Le verre. 4. La bouteille.

11. La Poste

Page 57

1. Remettre les éléments suivants **dans le bon ordre** si l'on veut envoyer une lettre.

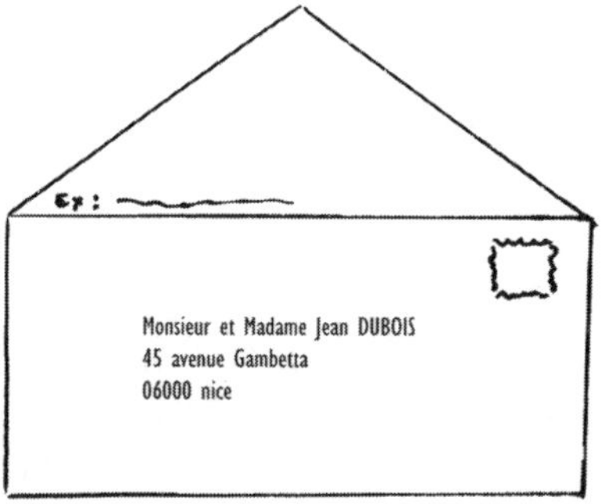

2. Reformer **4 mots** avec les syllabes suivantes :
PA QUET. GUI CHET. FAC TEUR. POR TA BLE.

12. Le corps humain

Page 59

1. Retrouver les parties du corps en complétant les voyelles manquantes :

C	H	E	V	I	L	L	E
P	O	I	G	N	E	T	
O	R	E	I	L	L	E	
V	I	S	A	G	E		
E	P	A	U	L	E		
M	O	L	L	E	T		
C	U	I	S	S	E		
G	E	N	O	U			
C	O	U	D	E			
T	A	L	O	N			
M	A	I	N				
D	O	S					
C	O	U					

2. Qui suis-je ?
1. Je relie la tête et le corps : le **cou**. 2. Ils poussent sur le crâne : les **cheveux**. 3. Je suis l'articulation entre le mollet et le pied : la **cheville**. 4. J'ai 5 doigts et je me trouve à côté du poignet : la **main**. 5. Je vais de la hanche à la cheville : la **jambe**. 6. Je suis la partie avant de la tête : le **visage**. 7. Je suis l'articulation située au milieu de la jambe : le **genou**. 8. On m'appelle aussi membre supérieur : le **bras**.

3. **Classer les éléments suivant le nombre qu'ils comportent.**

5 : Doigts. Orteils.
2 : Épaule. Cuisse. Jambe. Main. Pied. Coude. Talon.
1 : Cou. Dos.

Page 61

4. Retrouver **10 noms de parties du corps humain** en remettant les lettres à leur place :

1. I A G E V S : **VISAGE**
2. N A M I : **MAIN**
3. S R B A : **BRAS**
4. I E P D : **PIED**
5. E M B A J : **JAMBE**
6. E D O U C : **COUDE**
7. I A N M : **MAIN**
8. P U E E L A : **ÉPAULE**
9. U C O : **COU**
10. T E N G P I O : **POIGNET**
11. N G E U O : **GENOU**
12. E S S I C U : **CUISSE**
13. E E N V R T : **VENTRE**
14. O M E T L L : **MOLLET**
15. V E I G A S : **VISAGE**

5. Dire si les affirmations suivantes sont **justes ou fausses :**

1. Le coude est l'articulation de la jambe : **Faux**. 2. Le poignet se trouve entre le bras et l'avant-bras : **Faux**. 3. Le pied termine les membres inférieurs : **Juste**. 4. L'épaule est une articulation située près de la hanche : **Faux**. 5. La main se compose de quatre doigts : **Faux**. 6. La cuisse se trouve sous le genou : **Faux**. 7. Le genou est une articulation de la jambe : **Juste**. 8. Les doigts de pied se nomment également les orteils : **Juste**.

13. Le visage

Page 63

1. Retrouver **7 mots** d'après les dessins

	B									
S	O	U	R	C	I	L				
	U					E				
	C	I	L			V				
	H					R			J	
N	E	Z			M	E	N	T	O	N
									U	
									E	

2. Répondre par **vrai ou faux :**

1. Je suis au milieu du visage : le nez : **Vrai**. 2. Je me trouve au bord des yeux : les joues : **Faux**. 3. Je me trouve en bas du visage : le menton : **Vrai**. 4. Nous sommes autour de la bouche : les dents : **Faux**. 5. Je sers pour respirer : le nez **: Vrai**. 6. Nous sommes à la base du visage : les cheveux : **Faux**. 7. Nous sommes en dessous des yeux : les cils : **Faux**. 8. Nous servons à manger : les yeux **: Faux**. 9. Je suis composée de 2 lèvres : le cou : **Faux**. 10. Je relie la tête et le tronc : l'oreille : **Faux**. 11. Nous sommes de chaque côté de la tête : les oreilles : **Vrai**. 12. Nous sommes entre les sourcils et le nez : les yeux : **Vrai**

Page 65

3. Retrouver dans ce serpent **9 mots de vocabulaire** ayant pour thème **le visage.** (Certains mots peuvent se lire à l'envers).

En partant de la queue : œil – dent ← bouche ← cil – menton – joue – front – lèvre – cheveux ←

4. Noter dans une colonne ou dans l'autre le vocabulaire suivant selon que les éléments se trouvent **par paire ou non :**

Par Paire : L'oreille. La lèvre. Le sourcil. La pommette. La tempe. L'œil.

Seul : Le nez. La bouche. Le front. La langue.

14. Description physique

Page 67

1. Donner **deux** mots pour décrire les dessins suivants. tous deux **se rapportant aux cheveux :**

1. Cheveux en brosse et raides. 2. Cheveux longs et raides. 3. Cheveux lâchés et ondulés. 4. Cheveux courts et frisés. 5. Queue de cheval raide. 6. Couettes raides.

Page 69

2. Donner **deux adjectifs** pour décrire les dessins suivants**, l'un se rapportant au corps et l'autre aux cheveux :**
1. Gros et cheveux en brosse. 2. Mince et cheveux courts. 3. Grand et frisé. 4. Petit et chauve. 5. Petite avec couettes. 6. Grande avec chignon.

15. La santé, la maladie

Page 71

1. Se servir de la définition pour retrouver **le bon mot :**
1. Elle sert à faire les piqûres : **la seringue**. 2. On l'utilise pour prendre la température : **le thermomètre.** 3. Si la personne ne peut pas marcher, on l'utilise pour pouvoir se déplacer, **le fauteuil roulant**. 4. Ce sont de petits médicaments ronds que l'on avale : **les pilules**. 5. C'est un instrument constitué d'un tube souple en Y et qui permet l'auscultation : **le stéthoscope**. 6. Feuille sur laquelle est portée la prescription du médecin : **l'ordonnance**. 7. Véhicule qui permet de transporter les blessés ou les malades : **l'ambulance**. 8. Civière formée de deux bras entre lesquels est tendue une toile et qui sert au transport de personnes blessées : **le brancard**. 9. Médecin spécialiste pratiquant des interventions chirurgicales : **le chirurgien**. 10. Auxiliaire médicale qui aide le médecin à soigner les malades : **l'infirmière**. 11. Intervention chirurgicale : **l'opération**. 12. Sorte de cannes, utilisées par les personnes blessées pour marcher, s'appuyant dans le creux de l'aisselle : **les béquilles**.

Page 73

2. Retrouver dans ce tableau **15 mots** ayant pour thème **la maladie.**
Horizontal : 1. Opération ←. 2. Ambulance. 3. Béquille ←. 4. Brûlure. 5. Gaze. 8. Bande ←. 9. Sirop. 10. Grippe ←. 11. Plâtre.
Vertical : 1. Stéthoscope. 2. Brancard ← 3. Fièvre. 4. Rhume. 9. Seringue ← 10. Infirmière ←
Lettres restantes : P A N S E T N E M = **PANSEMENT**

16. Les animaux

Page 75

1. Retrouver le nom des animaux **d'après les définitions :**
1. J'aime ma liberté mais aussi les câlins. J'adore faire la sieste et boire du lait. Je suis **le chat**. 2. J'aime bien tourner en rond dans mon bocal. Je suis **le poisson rouge**. 3. On dit que je suis vraiment très têtu : **l'âne**. 4. Certains disent que je suis la plus belle conquête de l'homme. Je peux aller au trot ou galoper : **le cheval.** 5. Je ponds des œufs : **la poule.** 6. Je suis tout jaune et je vis dans une cage à la maison. Je m'appelle

Titi : **le canari**. 7. Je suis une race de chien mais je suis tout frisé : **le caniche**. 8. J'ai de longues oreilles et j'adore les carottes. Bugs Bunny est le plus connu de nous tous : **le lapin**. 9. Je suis en général très tranquille. Je vis dans les prés et je vous donne du lait : **la vache**. 10. Je vous réveille tous les matins en poussant mon fameux « Cocorico ». Je suis **le coq.** 11. Souvent on me représente tout rose avec la queue en tire-bouchon mais je peux être très sale : **le cochon**. 12. Je suis blanc. tout frisé. Je vis en troupeau et je suis toujours ceux qui sont devant moi : **le mouton**. 13. J'adore me baigner dans la mare. Je suis **un canard**.

Page 77

2. **Retrouver les** noms d'animaux **en complétant les cases vides par des** voyelles :

H	I	P	P	O	P	O	T	A	M	E
G	R	E	N	O	U	I	L	L	E	
P	E	R	R	O	Q	U	E	T		
P	E	R	R	U	C	H	E			
C	R	A	P	A	U	D				
G	I	R	A	F	E					
S	I	N	G	E						
L	I	O	N							
Â	N	E								

3. **Retrouver** les noms d'animaux **en complétant les cases vides par des** consonnes :

H	E	R	I	S	S	O	N
C	H	O	U	E	T	T	E
S	A	N	G	L	I	E	R
E	C	U	R	E	U	I	L
A	U	T	R	U	C	H	E
P	E	R	R	U	C	H	E

4. **Essayez de reformer les** familles complètes **:**

Le mâle : Le chat. Le chien. Le lapin. Le coq.

La femelle : La chatte. La chienne. La lapine. La poule.

Le bébé : Le chaton. Le chiot. Le lapereau. Le poussin.

Page 79

5. Classer en 2 colonnes les **animaux de la ferme** et les **animaux sauvages** :

Animaux sauvages : Le loup. L'éléphant. Le lion. Le zèbre. La girafe.

Animaux de la ferme : La brebis. La vache. Le chat. Le cheval. Le mouton. Le chien. Le canard. La poule.

6. Mettre en 3 colonnes les animaux qui vivent **dans la mer. sur terre et dans les airs** :

Dans la mer : Le dauphin. La pieuvre. La langouste. La baleine.

Sur terre : La girafe. La fourmi. Le chien. Le loup. Le zèbre. Le chat. Le cheval. La poule.

Dans les airs : L'abeille. Le papillon.

17. L'école, les études

Page 81

1. Retrouver des objets servant à un élève en **remettant les lettres dans le bon ordre :**
1. Règle. 2. Livre. 3. Trousse. 4. Stylo. 5. Cahier. 6. Tableau. 7. Trombone. 8. Étiquette. 9. Cartable. 10. Gomme. 11. Équerre. 12. Compas.

Page 83

2. Retrouver **la matière d'après le dessin :**
1. L'espagnol. 2. Les mathématiques. 3. L'anglais. 4. La chimie. 5. La lecture ou littérature. 6. La musique. 7. Le dessin. 8. L'informatique.

3. Classer dans le tableau suivant **les matières** selon qu'elles sont :
Scientifique : La chimie. La physique. Les mathématiques. Le calcul. La SVT. L'algèbre.
Litteraire : La philosophie. Le français. L'italien. Le grec. L'espagnol. Le latin. L'anglais. La lecture. L'allemand.
Autre : La musique. Les arts plastiques. L'économie. Le droit.

18. Les métiers

Page 85

1. Retrouver **le métier d'après l'objet dessiné :**
1. Dentiste. 2. Électricien. 3. Hôtesse. 4. Cuisinier. 5. Boulanger. 6. Boxeur. 7. Cordonnier. 8. Couturière. 9. Facteur. 10. Chimiste. 11. Coiffeur. 12. Fleuriste.

Page 87

2. **Retrouver** le métier d'après la définition :
1. Je soigne les dents : **dentiste**. 2. Je vends du poisson : **poisonnier**. 3. Je confectionne des gâteaux : **pâtissier**. 4. J'éteins les incendies : **pompier**. 5. Je vends des fleurs : **fleuriste**. 6. Je défends les gens dans un tribunal : **avocat**. 7. Je m'occupe de l'installation électrique : **électricien**. 8. Je vends le pain : **boulanger**. 9. Je répare les voitures : **mécanicien**. 10. Je produis du miel : **apiculteur**. 11. Je distribue les lettres et les paquets : **facteur**. 12. Je m'occupe des passagers dans un avion : **hôtesse de l'air**. 13. Je vends de la viande : **boucher**. 14. Je conduis des avions : **pilote.** 15. Je m'occupe du jardin : **jardinier**. 16. Je vais en mer pour pêcher : **pêcheur**. 17. Je joue du piano : **pianiste.** 18. Je dirige un orchestre : **chef d'orchestre**. 19. Je travaille dans une station-service et vends de l'essence : **pompiste**. 20. J'interprète des ballets : **danseur** ou **danseuse.**

19. Les sports

Page 89

1. Retrouver d'après les dessins **le sport** correspondant :

1. Natation. 2. Patinage. 3. Kayac. 4. Pêche. 5. Alpinisme. 6. Équitation. 7. Javelot. 8. Escrime. 9. Windsurf. 10. Hockey. 11. Lancer. 12. Boxe.

Page 91

2. Retrouver dans ce tableau **18 sports.**

Horizontal : 1. Alpinisme ←. 2. Natation. 3. Hockey. 4. Voile. 5. Tennis. 6. Judo. 7. Golf. 8. Basket. 9. Boxe ←. 10. Pêche. 11. Football.

Vertical : 1. Karaté ←. Kayac. 2. Volley. 3. Windsurf. 9. Tir. 10. Équitation.

Diagonale : 5. Ski ←

Il reste : A L I P N I E M S = **ALPINISME**

20. Les moyens de locomotion

Page 93

1. Classer par **ordre de vitesse décroissante** les éléments suivants :

1. La fusée. 2. L'avion. 3. La voiture. 4. L'autocar. 5. La bicyclette. 6. À pied.

2. Retrouver le **moyen de locomotion** à l'aide des formes dessinées et en remettant les lettres dans le bon ordre :

1. Avion. 2. Moto. 3. Voiture. 4. Train. 5.À pied. 6. Hélicoptère

21. Les vacances

Page 95

1. **Compléter les phrases suivantes** en choisissant le bon mot :

1. Je ne sais pas nager. Je dois utiliser **une bouée.** 2. **Pêcher** signifie attraper du poisson. 3. Il fait chaud, je vais me mettre sous **le parasol** pour éviter le soleil. 4. J'aime beaucoup me faire **bronzer** sur le sable. 5. **La méduse** peut provoquer des brûlures. Il faut s'en méfier. 6. **Le voilier** possède des voiles. 7. **Le poulpe** peut se manger. 8. **Le zodiac** possède un moteur de forte puissance. 9. **Le dauphin** nage très bien. 10. Je sais que tu adores manger du **poisson.** 11. **La barque** flotte sur l'eau. 12. J'aime beaucoup **plonger** du haut des rochers. 13. **Le parasol** se plante dans le sable sur la plage. 14. Je vois **la bouée** flotter sur l'eau.

Page 97

2. Retrouver les **voyelles manquantes :**

M	A	T	E	L	A	S
P	A	R	A	S	O	L
P	O	I	S	S	O	N
V	O	I	L	I	E	R
D	A	U	P	H	I	N
Z	O	D	I	A	C	
B	A	T	E	A	U	
R	E	Q	U	I	N	
P	O	U	L	P	E	
M	É	D	U	S	E	
S	A	B	L	E		
B	O	U	É	E		
A	L	G	U	E		
C	R	A	B	E		

3. Classer en 2 colonnes ce qui est **dans ou sur l'eau** et ce qui est **sur le sable :**

Dans l'eau, sur l'eau : Le tuba. Les vagues. Le pédalo. Le masque. Les algues. Le dauphin. Le poisson. Le voilier. Le zodiac.

Sur le sable : Le parasol. La casquette. Le drapeau. Le matelas.

Page 99

4. Répondre par **vrai ou faux :**

1. Le guide peut être à la fois un homme et un livre : **Vrai.** 2. Le plan peut être à la fois un homme et un livre : **Faux.** 3. L'interprète nous renseigne sur les horaires : **Faux.** 4. Le musée se visite principalement la nuit : **Faux.** 5. Le château contient le plan de la ville : **Faux.** 6. Le billet permet de voyager : **Vrai.** 7. L'interprète sert à traduire une langue étrangère : **Vrai.** 8. Il est interdit de visiter le château avec un guide : **Faux.**

5. Que **cherche le skieur ?**

Il cherche ses **lunettes** et ses **moufles** car il a déjà le bonnet et l'écharpe.

22. Les formes

Page 101

1. Relier les **objets** en rapport avec la f**orme** et retrouver le numéro correspondant :

1. Le ballon de foot : **cercle.** 2. Le ballon de rugby : **ovale.** 3. L'éclair : **ligne brisée.** 4. La piscine : **ligne courbe.** 5. L'immeuble : **parallélépipède.** 6. Le cerf-volant : **losange.** 7. Le cerceau : **cercle.** 8. Le rapporteur : **ligne courbe.** 9. La terre : **sphère.** 10. Le terrain de foot : **rectangle.** 11. La vague : **sinusoïde.** 12. La règle : **ligne droite.** 13. La pyramide : **le triangle.** 14. Le cahier : **le rectangle.**

23. Le temps, la météo

Page 103

1. Retrouver **le temps** qu'il fait **d'après les dessins** :
Il pleut n° 2. Il y a du vent n° 3. Il neige n° 5. Il y a du brouillard n° 7. Il y a un arc-en-ciel n° 6. Il fait beau n° 1. Le temps est nuageux n° 4. Il y a de l'orage n° 9. Il fait chaud n° 8.

Page 105

2. **Compléter les phrases** en utilisant les mots qui sont mélangés dans ces bulles :
1. Le **soleil** se lève. Il va faire beau **temps**. 2. Dans le **ciel** je vois les **étoiles** et la **lune**. 3. La **nuit** tombe vite en hiver. 4. Le ciel est couvert de **nuages**. La **pluie** ne va pas tarder. 5. Nous sommes en plein hiver. Il fait très **froid**. 6. Il faut bien se couvrir : il fait froid et il y a un **vent** violent qui souffle.

24. Géographie (le relief)

Page 107

1. **Retrouver les mots** d'après les définitions suivantes :
1. Étendue de sable ou de galets au bord de la mer : **la plage**. 2. Cours d'eau de faible ou moyenne importance : **la rivière**. 3. Escarpement littoral abrupt dû à l'action érosive de la mer : **la falaise**. 4. Magma en fusion émis par un volcan et qui en se refroidissant se solidifie pour former une roche volcanique : **la lave**. 5. Grande étendue d'eau intérieure généralement douce : **le lac**. 6. Zone d'accumulation alluviale à l'embouchure d'un cours d'eau : **le delta**. 7. Dépression arrondie située au sommet du volcan d'où s'échappe la lave lors des éruptions : **le cratère**. 8. Chacune des 24 divisions imaginaires de la surface de la terre dont tous les points ont la même heure légale : **le fuseau horaire**. 9. Étendue de terre entourée d'eau : **l'île**. 10. Cercle de la sphère terrestre dont le plan est perpendiculaire à la ligne des pôles et à égale distance de ceux-ci : **l'équateur**. 11. Dépression entre deux montagnes : la **vallée.**
12. Étendue de terrain relativement plane pouvant être située à des altitudes variées : **le plateau.** 13. Il existe celui du Cancer et du Capricorne : **le tropique.**

25. Les prénoms et les diminutifs

Page 109

1. Retrouver le **prénom** de ces chefs d'État français ou étrangers :
1. **François** Mitterand. 2. **Charles** de Gaulle. 3. **Georges** Washington. 4. **Théodore** Roosevelt. 5. **Georges** Pompidou. 6. **Jacques** Chirac.

2. Retrouver les **prénoms** correspondants :

1. **Albert** Einschtein. 2. **Alfred** Hitchcok. 3. **Antoine** de Saint Exupery. 4. **Roger** Moore (acteur). 5. **Henri** Leconte (tennisman). 6. **Jean-Baptiste** Pocquelin dit Molière. 7. **Charles** Aznavour (chanteur). 8. **Robert** De Niro (acteur). 9. **Nicolas** Hulot (présentateur TV). 10. **Jean-Pierre** Pernot (présentateur TV). 11. **François** Valéry (chanteur). 12. **Fabrice** Lucchini (acteur). 13. **Maurice** Chevallier (chanteur). 14. **Pierre** Perret (chanteur). 15. **Jean-Pierre** Marielle (acteur). 16. **David** Douillet (judoka). 17. **Nicolas** Sarkozy (président). 18. **Patrick** Sebastien (présentateur). 19. **Patrick** Bruel (chanteur). 20. **Jacques** Brel (chanteur). 21. **Gérard** Depardieu (acteur). 22. **Jean** Gabin (acteur).

Page 111

3. Retrouver dans cette liste d'actrices ou de personnalités connues le **prénom correspondant.** En donner le **diminutif féminin** correspondant **et leur métier** si vous pouvez (c'est très souvent le même) :

1. Jeanne Moreau **(actrice) – Jeanny**. 2. Catherine Deneuve **(actrice) – Cathy.** 3. Emmanuelle Beart **(actrice) – Manu**. 4. Josiane Balasko **(actrice et réalisatrice) – Josy**. 5. Valérie Lemercier **(humoriste) – Val**. 6. Véronique Sanson **(compositeur et chanteuse) – Véro**. 7. Michèle Morgan **(actrice) – Mimich. Michou**. 8. Jacqueline Mailland **(actrice) – Jacky**. 9. Béatrice Dalle **(actrice) – Béa**. 10. Alexandra Lamy **(actrice). – Alex**. 11. Sylvie Vartan **(chanteuse) – pas de diminutif**. 12. Brigitte Bardot **(actrice) – Bri-bri.**

4. Reformez **9 prénoms** en utilisant les diverses syllabes

PA TR ICIA
VE RO NI QUE
VA LE RIE
I SA BELLE
FLO REN CE
SA BRI NA
FRE DE RI QUE
E LO DIE
CHRIS TI NE

26. Les onomatopées

Page 113

1. Retrouver d'après les dessins **les bruits** correspondants :

1. Dring. 2. Ding Dong. 3. Plouf. 4. Crac. 5. Bzzzzz. 6. Snif.

2. Retrouver les animaux qui correspondent aux cris

Le coq fait **cocorico.** La poule fait **cot cot.** Le chien fait **waouf.** Le chat fait **miaou.** La brebis fait **bêê bêê**. Le poussin fait **piou piou**. Le canard fait **coin coin**. La vache fait **meuh.** L'âne fait **hi han.**

Dans la série Bloc-notes

Allemand

- ***24 heures pour réussir l'écrit.*** [niveau 2]
- ***Los!*** Petits exercices de grammaire allemande pour bien réviser [niveau 1]
- ***Lustig!*** Apprendre et réviser son vocabulaire
allemand en s'amusant [niveau 1]
- ***SOS allemand.*** Révision systématique de la grammaire et du vocabulaire [niveau 1] & [niveau 2]
- ***Starten!*** Communiquer efficacement en allemand [niveau 2]
- ***Endlich!*** Mieux comprendre l'Allemagne [niveau 2]
- ***Tester sa grammaire allemande*** en 12 séances et 1001 questions-réponses [niveau 2]
- ***Ende gut, alles gut!*** Allemand [grands débutants]
- ***Ab die Post!*** Apprendre et réviser les préverbes allemands en s'amusant

Anglais

- ***Express yourself!*** 15 chapitres thématiques pour connaître l'essentiel du vocabulaire courant en anglais [niveau 1]
- ***Check in.*** Communiquer efficacement en anglais [niveau 2]
- ***Help!*** Grammaire et vocabulaire de base en anglais, 2e éd. [niveau 1]
- ***Fifty-Fifty.*** Réviser son vocabulaire anglais en s'amusant [Spécial sciences]
- ***Key Words English.*** Vocabulaire de la vie de tous les jours [niveau 2]
- ***Complete to compete.*** Réviser son vocabulaire anglais, thèmes de société [niveau 2]
- ***English : why not?*** Les bases de l'anglais [niveau 1]

Arabe

- ***Je parle arabe.*** [niveau 1]
- ***Takallam.*** Communiquer efficacement en arabe [niveau 2]

Chinois

- ***Zhen bàng!*** Parler chinois [niveau 2]
- ***Tang hulu.*** Friandises pour goûter la saveur des mots en chinois [niveau 1]

Espagnol

- ***¡Así!*** Apprendre ou réviser les bases de la grammaire espagnole en s'amusant [niveau 1]
- ***Réussir son BTS espagnol.*** [niveau 2]
- ***¡Vocabulario!*** Apprendre et réviser son vocabulaire en jouant [niveau 1]
- ***¿Sé o Sepa?*** Apprendre et réviser les bases de la conjugaison espagnole en s'amusant [niveau 1]
- ***¡Sin Falta!*** L'espagnol sans faute, Jeux d'orthographe.

Italien

- ***Giochi e parole.*** Apprendre et réviser le vocabulaire italien en s'amusant [niveau 1] & [niveau 2]
- ***Pronto? Pronti!*** Grammaire et vocabulaire pour débutants [niveau 1]
- ***Prove.*** Testez votre niveau en italien [niveau 1] & [niveau 2]

Japonais

- ***Kakikata.*** Écrire en japonais [niveau 1]
- ***Mikado.*** Apprendre ou réviser le vocabulaire japonais de base en s'amusant [niveau 1]
- ***Tsukemono.*** Pickles pour relever la saveur les mots en japonais [niveau 1]

Occitan

- ***Òsca !*** Je parle occitan [niveau 1]

Russe

- ***Je parle russe !*** Grammaire pour débutants [niveau 1] & [niveau 2]
- ***Zakouski.*** Les amuse-bouche de l'alphabet cyrillique [niveau 1]

Cet ouvrage a été achevé d'imprimer en août 2019
dans les ateliers de Normandie Roto Impression s.a.s.
61250 Lonrai (Orne)
N° d'imprimeur : 1903946
Dépôt légal : mai 2009

Imprimé en France